主 编 余 魅

副主编 袁 斌 张占军 庄治辉
邓洪波 滕 梦 陈召平
刘志刚 李 庆 李 海
敬海波

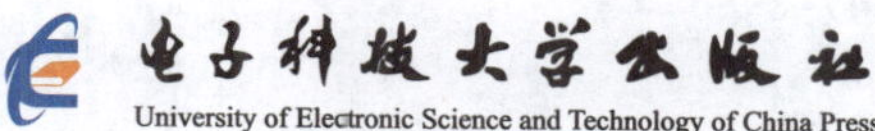

·成都·

图书在版编目（CIP）数据

漫说大学生安全 / 余魅主编. —成都：电子科技大学出版社，2021.9

ISBN 978-7-5647-8966-4

Ⅰ. ①漫… Ⅱ. ①余… Ⅲ. ①大学生－安全教育 Ⅳ. ①G641

中国版本图书馆 CIP 数据核字（2021）第 119581 号

漫说大学生安全

主　编　余　魅

策划编辑　曾　艺　李述娜
责任编辑　李述娜

出版发行　电子科技大学出版社
　　　　　成都市一环路东一段159号电子信息产业大厦九楼　邮编 610051
主　　页　www.uestcp.com.cn
服务电话　028-83203399
邮购电话　028-83201495

印　　刷　四川盛图彩色印刷有限公司
成品尺寸　170 mm×240 mm
印　　张　22.25
字　　数　300 千字
版　　次　2021 年 9 月第 1 版
印　　次　2021 年 9 月第 1 次印刷
书　　号　ISBN 978-7-5647-8966-4
定　　价　68.80 元

漫说大学生安全
编委会

MANSHUO
DAXUESHENG ANQUAN

国家安全是国家生存和发展的基石，是人民福祉的根本保障，是坚持和发展中国特色社会主义的基本前提。

2014年4月15日，习近平在中央国家安全委员会第一次全体会议上首次提出总体国家安全观重大战略思想，将国家安全提高到了前所未有的高度。近年来，国家安全全面加强，国家安全体制机制不断健全，国家安全法律体系逐步形成，国家安全战略发展完善，国家安全能力显著提升，根本就在于有总体国家安全观的科学指引。

2020年10月教育部印发的《大中小学国家安全教育指导纲要》，将党中央关于加强大中小学国家安全教育文件精神和《中华人民共和国国家安全法》提出的“将国家安全教育纳入国民教育体系”的要求落实到大中小学的安全教育中，指导大中小学系统、规范、科学地开展国家安全教育。

大学生是社会主义事业的建设者和接班人，他们的安全稳定以及高校的安全稳定其重要地位不言而喻。大学生所处的年龄阶段与中小学生不同，高校生活与步入社会更为接近，大学生们更容易接收到各类信息；不在父母身边，大学生们更容易被各种利益诱惑；处于青春期的大学生也需要处理各类人际关系……因此，高校内会发生涉及国家安全、人身安全、财产安全、心理安全与健康等方面的事件。孔子说“凡事预则立，不预则废”，“安而不忘危”也是中华民族的一个重要精神特质，故而预防安全事件的发生显得尤为重要。安全教育作为预防安全事故发生的重要环节，是必不可少的。为了提高当代大学生的安全意识，高校安全工作者们一直致力于各种类型的安全教育工作。

四川省高等教育学会保卫学专业委员会组织了四川大学、电子科技大学、西南交通大学、西南财经大学、西南石油大学、成都理工大学、西华大学、四川农业大学、成都中医药大学、四川师范大学、绵阳师范学院11所高校，共同编写了一本新型安全教育图书。该书以总体国家安全观为导向，将包含国家安全、财产安全、交通安全、涉外安全等在内的11类安全知识以及3类新型国家安全观的内容以漫画的形式表现了出来。该书形式新颖，以大学新生的视角开始，从国家安全到涉外安全，涵盖了一个新生从入学到毕业出国深造的整个阶段，通过每个安全知识点6幅漫画的形式展现，符合目前“90”后、“00”后们的阅读需求。每个安全知识点仅用6幅漫画的形式表现，简短精练，学生们可以利用碎片时间学习安全知识，寓教于乐。同时每章、每节的前后均有二维码可供扫描，会弹出与相关安全领域有关的安全知识以及各高校学生自己拍摄的安全小短剧。其中，“短视频”的方式非常符合当今大学生们的“口味”。

希望本书能用“漫画”“短视频”等更贴近当代大学生需求的方式让大家利用碎片时间，学习到有用的安全知识。希望大学生们能慧眼如炬、明辨善恶，让安全知识入耳、入脑、入心。亲爱的大学生朋友们，展翅高飞吧，为中华民族的伟大复兴贡献自己的力量。

2021年5月

根据教育部印发的《大中小学国家安全教育指导纲要》中提出的“将国家安全教育纳入国民教育体系”的要求，为了更加系统、规范、有效地开展高等院校的国家安全教育，让更多的大学生了解安全、重视安全，成为安全的宣传员，我们编写了本书。

本书以总体国家安全观为线索，从国家安全、交通安全、财产安全、消防安全、校园日常生活安全、心理安全与健康、人身安全、网络安全、实验室安全、自然灾害的应对、涉外安全、非传统国家安全12个部分对大学生在校园内外的安全进行了剖析。本书立意新颖，以刚入校的大学生的视角，带领着读者进入大学生活，让读者浸润式地体验大学生活中与安全相关的方方面面；本书形式活泼，不仅通过6幅漫画展开论述一个个安全的知识点，同时扫描每章、每节的二维码，可以即刻呈现出相关的法律法规，也有学生自己原创的安全短视频，多维度地向读者呈现安全的知识点。通过本书的学习，希望大学生读者能将安全知识入脑、入心。

本书是在四川省教育厅、四川省公安厅、四川省国家安全厅的指导下，由电子科技大学党委保卫部（保卫处）部（处）长、四川高教保卫学会秘书长余魅任主编，由四川省11所高校的安全保卫干部集体编写而成，11所高校的保卫处主要负责人对本书的内容进行了指导和审核。本书第一章、第十一章由电子科技大学姜蕴纯执笔，第二章由绵阳师范学院刘露、郑大凤执笔，第三章由西南财经大学胡鹏武执笔，第四章由四川大学何佳倪执笔，第五章由成都中医药大学任礼红、何攀执笔，第六章由西南交通大学杨林森执笔，第七章由四川师范大学崔永忠、方荣、罗家鸣、张菲执笔，第八章由西华大学史亚琪执笔，第九章由西南石油大学李旭东、李坚强执笔，第十章由四川农业大学史为为执笔，第十二章由成都理工大学张腾、何锐执笔。本书由电子科技大学姜蕴纯统稿。编委会其他成员为本书的创作提供了丰富的材料并协助拍摄了相关安全短视频。

感谢四川省教育厅、四川省公安厅、四川省国家安全厅对本书的指导和帮助，感谢这11所高校保卫干部的辛勤付出。

由于编者水平有限，书中难免有疏漏和不妥之处，恳请广大读者给予关注并为我们提出宝贵的意见。

编　者

2021年5月

目录 CONTENTS

第一章 | 国家安全

第二章 | 交通安全

第三章 | 财产安全

第四章 | 消防安全

第五章 校园日常生活安全

第六章 心理安全与健康

第七章 人身安全

第八章 | 网络安全

第九章 | 实验室安全

第十章 | 自然灾害的应对

MANSHUO
DAXUESHENG ANQUAN

Chapter 01

第一章

国家安全

国家安全是指国家政权、主权、统一和领土完整、人民福祉、经济社会可持续发展和国家其他重大利益相对处于没有危险和不受内外威胁的状态，以及保障持续安全状态的能力。当代国家安全包括10个方面的基本内容，即国民安全、领土安全、主权安全、政治安全、军事安全、经济安全、文化安全、科技安全、生态安全、信息安全。

相关视频资源

引入漫画

珍惜新起点 笑迎新生活
欢迎新生

哇！
哇，这楼好气派！
是的，这是学校最大的一栋建筑物。你看前面飘扬的国旗，多么鲜艳！

我国国旗是五星红旗，是国家的象征和标志。
是的啊！我们应该尊重和爱护国旗。

第一节

小心你身边的间谍

《中华人民共和国刑法》规定，间谍罪是指参加间谍组织或者接受间谍组织及其代理人的任务，或者为敌人指示轰击目标的行为。

“接受间谍组织及其代理人的任务”，是指接受间谍组织及其代理人的指使、命令、委托，窃取、刺探我国情报，建立间谍组织、网络，或者进行颠覆破坏活动等任务。

“间谍组织代理人”，是指受间谍组织或者其成员的指使、命令、委托、资助，发展间谍组织成员或者授意、指使他人进行间谍活动的人。

“为敌人指示轰击目标”，是指为敌人指明、显示其所轰炸的我方目标的方位、特征、时间、线路等。

“敌人”，就是指与我方为敌的国家、地区、组织等，既包括战时与我方交战的敌对国家、敌对地区、敌对势力、敌对组织，也包括非交战时采用轰击方式袭击我国领土的国家、地区、势力或组织。

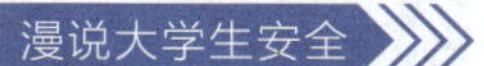

学术交流会上的别有用心

相关知识拓展

小安，我朋友想要一些资料，但是在国外网上找不到，能不能帮我找找呢？
是向别人提供自己和本单位的受保护的研究资料吗？没问题呀。

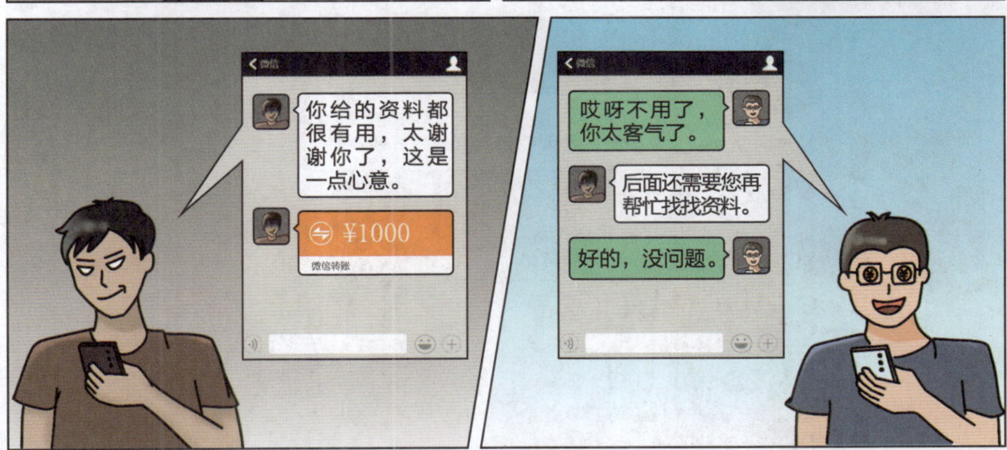
你给的资料都很有用，太谢谢你了，这是一点心意。
¥1000
微信转账
哎呀不用了，你太客气了。
后面还需要您再帮忙找找资料。
好的，没问题。

小安，你好，我们发现你一直在和间谍联系。
天哪！谁是间谍啊，我为他们做过什么吗？

恋爱中的别有用心

小安，恭喜你，获得了前往XX国XX大学学习交流的机会。
太好了，又可以交到很多朋友了。

大家好，我是从XX大学来的学生小安，希望能和大家成为好朋友！

你好，我是小许，我很欣赏你，很想和你成为朋友。
你好，非常开心认识你。

相关视频资源

今天约你来这儿，其实是想告诉你，我喜欢你。
我也是。

Darling
亲爱的，你家里有公务员吗？
你能看到政府文件吗？
我听说这些可以卖钱耶！
你很快就要回国了，我好想你，你能不能把你的学习情况发给我，让我更多地了解你呢？
Darling
我姑姑是政府的。我问问我姑姑。
你卖钱，然后转给我吗？
我也想你，我把我的生活和学习情况都告诉你。
我们最近在做XX国家重点项目。我们实验室有XXX类似的精密仪器设备，很厉害的。

嘿嘿，我搞了很多资料了！
小许，你的身份已经暴露了！
天哪，我都做了些什么！

求职中的别有用心

QQ收到一条好友申请
备注：招聘兼职，工作轻松，报酬丰厚！

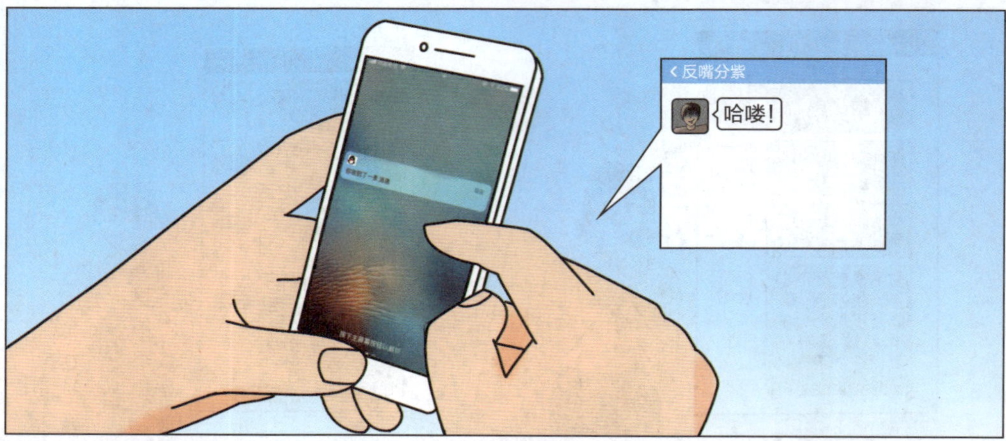
反嘴分紫
哈喽！

反嘴分紫
你好，疫情期间，没法进你们学校。
?
我很向往你们学校的电子博物馆，可以拍几张照片给我吗?

相关视频资源

这要求好奇怪啊！
反嘴分紫
你先帮我拍几张吧。
啊？
我会给你报酬的，谢谢兄弟了！最好拍元器件的标签哈。

保卫处
老师，你看这是个啥情况？我感觉不对劲呢！

小安，你做得对！

第二节 保守国家秘密

保守国家秘密是每个公民的义务。一切国家机关、武装力量、政党、社会团体、企业事业单位和公民都有保守国家秘密的义务。

国家秘密的密级分为绝密、机密、秘密三级。绝密级国家秘密是最重要的国家秘密，泄露会使国家安全和利益遭受特别严重的损害；机密级国家秘密是重要的国家秘密，泄露会使国家安全和利益遭受严重的损害；秘密级国家秘密是一般的国家秘密，泄露会使国家安全和利益遭受损害。

国家秘密包括：

（一）国家事务重大决策中的秘密事项；

（二）国防建设和武装力量活动中的秘密事项；

（三）外交和外事活动中的秘密事项以及对外承担保密义务的秘密事项；

（四）国民经济和社会发展中的秘密事项；

（五）科学技术中的秘密事项；

（六）维护国家安全活动和追查刑事犯罪中的秘密事项；

（七）经国家保密行政管理部门确定的其他秘密事项。

政党的秘密事项中符合前款规定的，属于国家秘密。

涉密文件管理不善

相关视频资源

小王，你们单位那份XX保密文件还在吗？借来复印一下？

偷偷复印
保密文件
加盖鲜章

……
额……
嗯？我怎么觉得这份文件有点不对？你把文件登记本拿来，我看看。

违规处理涉密计算机

咱们那台涉密计
算机在哪儿?
空!

那计算机呢?
领导，那台计算机速度
太慢了，用不了了。

前几天，我对涉密计算机
进行了格式化处理。

相关视频资源

金钱利诱　出卖国家情报

我们毕业啦！
下一步就是出国做博士后研究啦！

翻阅简历！
小安
从事高精尖
通信技术研究
档案资料

你好，如果你为我国政府工作，报酬很丰厚哦。
我考虑一下。

相关知识拓展

第三节

防恐反恐

恐怖主义，是指通过暴力、破坏、恐吓等手段，制造社会恐慌、危害公共安全、侵犯人身财产，或者胁迫国家机关、国际组织，以实现其政治、意识形态等目的的主张和行为。

恐怖活动，是指恐怖主义性质的下列行为：

（一）组织、策划、准备实施、实施造成或者意图造成人员伤亡、重大财产损失、公共设施损坏、社会秩序混乱等严重社会危害的活动的；

（二）宣扬恐怖主义，煽动实施恐怖活动，或者非法持有宣扬恐怖主义的物品，强制他人在公共场所穿戴宣扬恐怖主义的服饰、标志的；

（三）组织、领导、参加恐怖活动组织的；

（四）为恐怖活动组织、恐怖活动人员、实施恐怖活动或者恐怖活动培训提供信息、资金、物资、劳务、技术、场所等支持、协助、便利的；

（五）其他恐怖活动。

任何单位和个人都有协助、配合有关部门开展反恐怖主义工作的义务，发现恐怖活动嫌疑或者恐怖活动嫌疑人员的，应当及时向公安机关或者有关部门报告。

下载、观看、分享暴恐音视频

相关法律法规

发送给：
发送成功

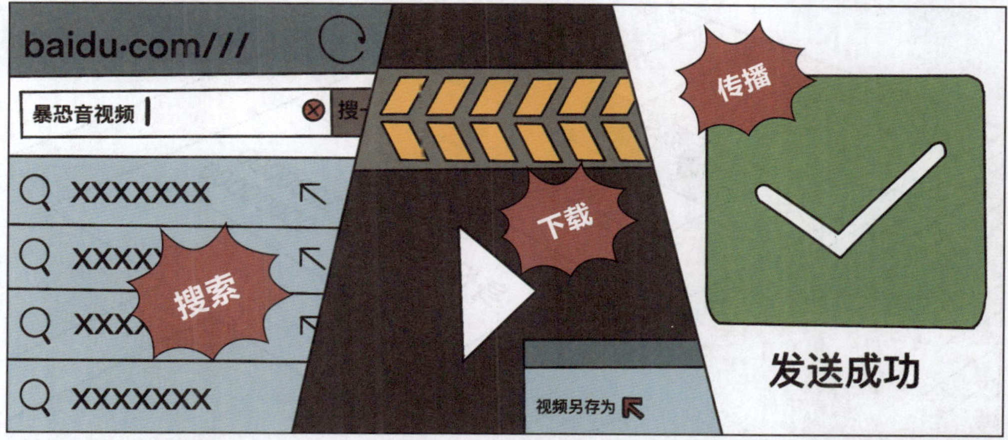
baidu·com///
暴恐音视频
搜索
下载
视频另存为
传播
发送成功

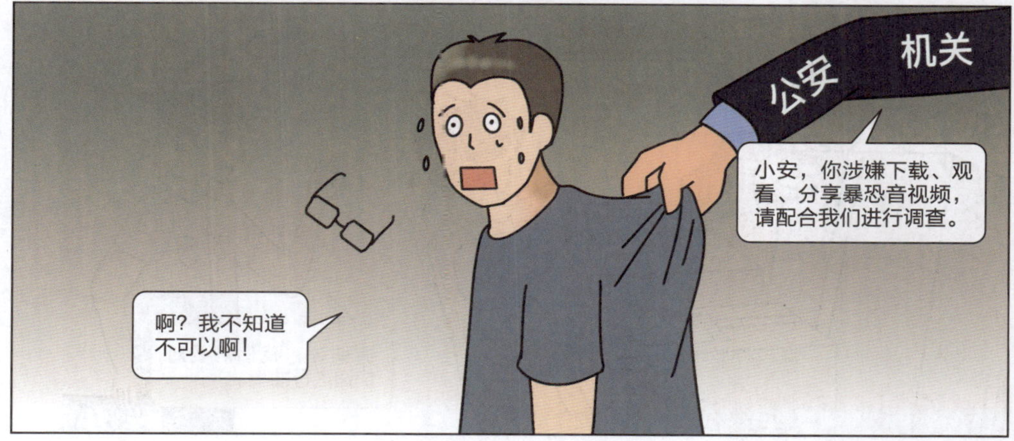
公安 机关
小安，你涉嫌下载、观看、分享暴恐音视频，请配合我们进行调查。
啊？我不知道不可以啊！

包裹、邮件不实行实名登记

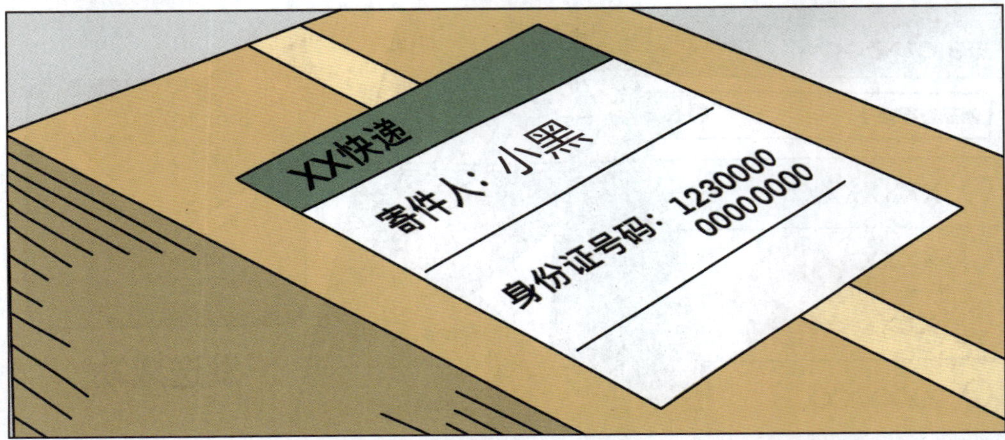

相关视频资源

XX快递
寄件人：小黑
身份证号码：1230000 00000000
信息不规范

违禁物品
酒

我们发现你们网点不落实实名登记等安全制度，且快递中藏有违禁品，需要对你和你们网点进行处理。
啊？这么严重？

散装汽油不可购

毕业了，要不要来一趟说走就走的旅行？我借了一辆车，一起去自驾游吧。
太棒了！支持支持。

不知道偏远点的地方有没有加油站？
这还不容易，咱带个油桶好了。

汽油

相关视频资源

帮我们加满油，谢谢！
对了，我们待会儿要去XX，那儿太偏远了，能不能先帮我们在油桶里加满油？
汽油

这个不可以哦！
为什么呀？

违法
销售散装汽油是违法的！
散装汽油

Chapter
02

第二章

交通安全

交通安全是指人们在道路上进行活动或玩耍时，按照交通法规的规定，安全地行车、走路，避免人身伤害或财物损毁。大学生交通事故，是指大学生以及其他在道路上进行交通活动的人员，在校园内及社会道路上，因违反交通管理法规，过失造成的人身伤害或财产损失的事故，包括大学生过失违章造成自己或他人的人身伤害和财产损失，以及他人违章造成大学生人身伤害或财产损失两种情况。大学生常见的交通事故包括行走时发生交通事故、骑非机动车时发生交通事故、乘坐交通工具时发生交通事故、驾驶车辆时发生交通事故等。

引入漫画

这是什么?

保安亭
这是用于标示禁止以任何原因停车的区域。
交通规则真多呀!

阳阳，这里是交通管制区域，禁止停车，赶快挪开。
这里这么宽，居然不可以停车!
是啊，交通规则无处不在哦！我们要遵守交通安全，做文明守规则的大学生。

第一节 “走”得安全

大学校园内的交通虽然不如校外道路上那样拥挤，但也存在无专职交通管理人员，上下课时间交通流量大，汽车、摩托车、货运车、自行车在校园内穿梭等问题。如果稍有疏忽，造成重大人员伤亡的交通事故就可能会在校园内发生。

安全无小事

相关视频资源

我们不仅横穿马路，还跨隔离栏，这是错误的。
啊，学校又不是外面的大马路，不用注意这些。

呃呃……好嘛。
学校的人流和车流也不少哦，安全可不分大小。

嘻哈不上路

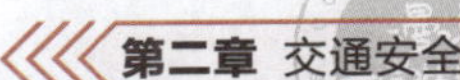

相关视频资源

sorry，sorry……我，
我没有注意到……
你在干什么啊，没
有看到人吗？

吓死我们了，你怎么
能在人行道上踩滑板
车呢！
同学，你没事儿吧？

同学，对不起，我下次
注意。我以为校园里开
阔，踩滑板车方便。
滑板车只能在专用
区域滑行，是不能
上路的，校园也是
有交通规则的。

垂头丧气

埋头看手机
砰！

我的脚，我的脚，好像不能动了。
我可能要去医院，啊，啊，好痛！
你怎么样，同学？
怎么办，怎么办？

↑博学楼
←厚德楼
喂，赵老师吗？我是小安。
赵老师，我把同学撞了，我们在厚德楼和博学楼路口这里，怎么办，怎么办……
小安，你怎么啦，慢慢说，慢慢说……
小安不着急，老师马上过来，让那位同学不要挪动哈。

相关视频资源

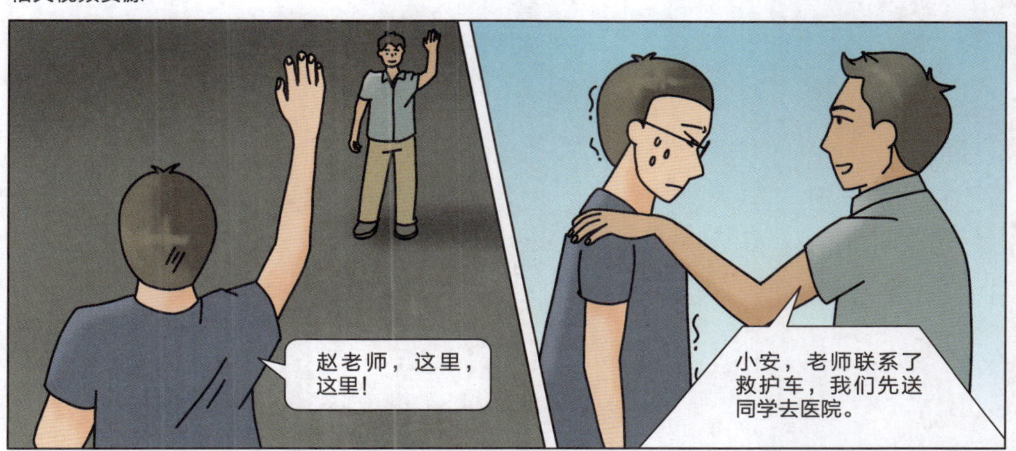
赵老师，这里，这里！
小安，老师联系了救护车，我们先送同学去医院。

同学，你还好吗？
老师，我动不了了，好痛！
怎么办，赵老师，会很严重吗？
小安，不要担心。同学，我们马上送你去医院。

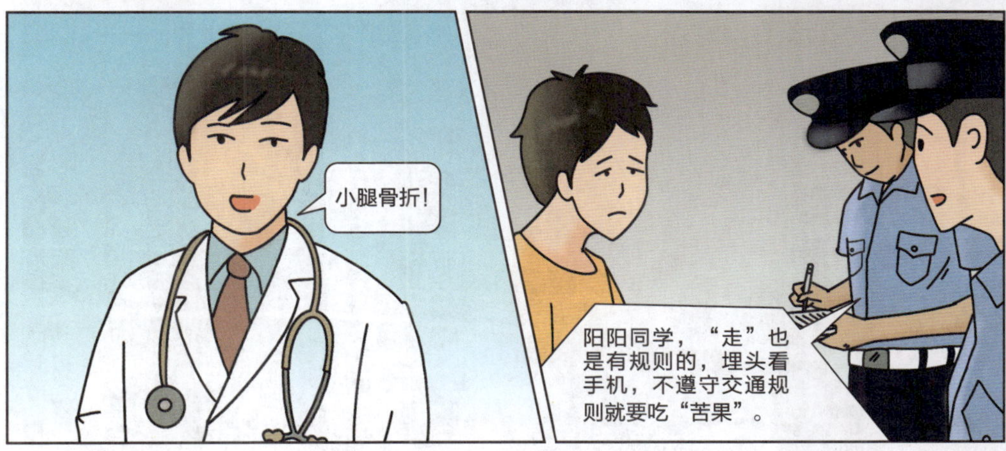
小腿骨折！
阳阳同学，“走”也是有规则的，埋头看手机，不遵守交通规则就要吃“苦果”。

第二节

“骑”得安全

一般高校校园面积都比较大，宿舍与教室、图书馆等之间的距离比较远。因此，共享单车风靡校园，电动车更是便捷的代步工具，许多同学在课间或下课时骑着自行车和电动车在人流中穿行。有的同学骑车飞快，认为校园内没有红绿灯，可以不分上下行道，结果发生交通事故；有的同学无证驾驶无牌照摩托车，并且在后座上带人，因驾驶技术不佳，致使发生事故，并造成乘车人死伤。

同学，你不是奥特曼哦

走，咱们骑电瓶车去菜鸟驿站拿快递吧。
行。

你慢点儿，注意安全。
我想“放手一搏”，让你瞧瞧我的车技。
别担心。我的技术，你还不相信？我还可以再打把伞！

前面有车来了，快，掌握好你的方向盘。
我……
我的手……

相关视频资源

砰！

呀，受伤了吗？
手腕轻微擦伤，不碍事。

你怎么骑车时双手不掌握方向盘呢，还打把伞，这样很危险的！
实在不好意思，我以后再也不会做这样危险的事情了。
拜拜！

车筐不载人

自行车可以载人吗?
当然不可以。

你成年了吗?
成年了。

成年人骑自行车可以在固定座椅内载1名儿童，但不得载12岁以上的人员。未成年人骑自行车不得载人。
未成年
哦。

相关视频资源

你看，前面有个同学骑车过来了，车筐里还坐着一个同学。
哪儿？看见了，还真坐在车筐里。我们得管管。

同学，你好，自行车前的车筐是不能载人的，这个行为十分危险。
关你什么事？

作为学校的一分子，校园交通安全需要我们大家共同来维护。
自行车载人本来就不被允许，更何况车筐里载人。你们有没有想过，如果自行车筐因载人超重而掉落，那车筐里的同学会怎么样？会造成什么后果？
还真没想过后果。谢谢你们的提醒，我们以后再也不这样了。

听风者

那位同学好惬意啊，行走的音响，自带风的和声。
危险上路，还谈惬意？戴上耳机，沉浸在自己的世界里，还能听见其他声音吗？

这就对了，连车辆的鸣笛声都听不见，还怎么保障行车安全呢？
呃……可能听不见车辆的鸣笛声。

那就更不可以了！
你看！那位同学没有戴耳机，但是他居然一边骑车一边刷剧，哈哈……

相关视频资源

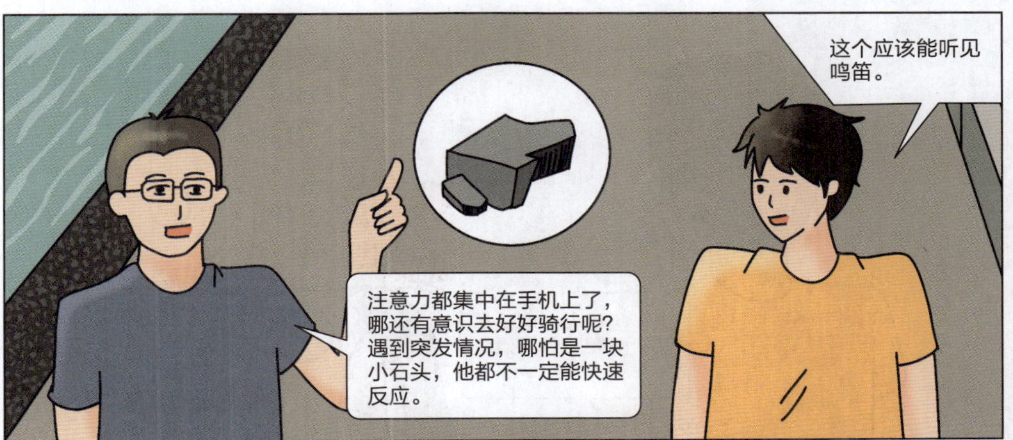

这个应该能听见鸣笛。
注意力都集中在手机上了，哪还有意识去好好骑行呢?遇到突发情况，哪怕是一块小石头，他都不一定能快速反应。

好像也是哦。

集中注意力骑车是非常重要的，这是保障我们安全骑行的前提。

不是所有的伞都叫保护伞

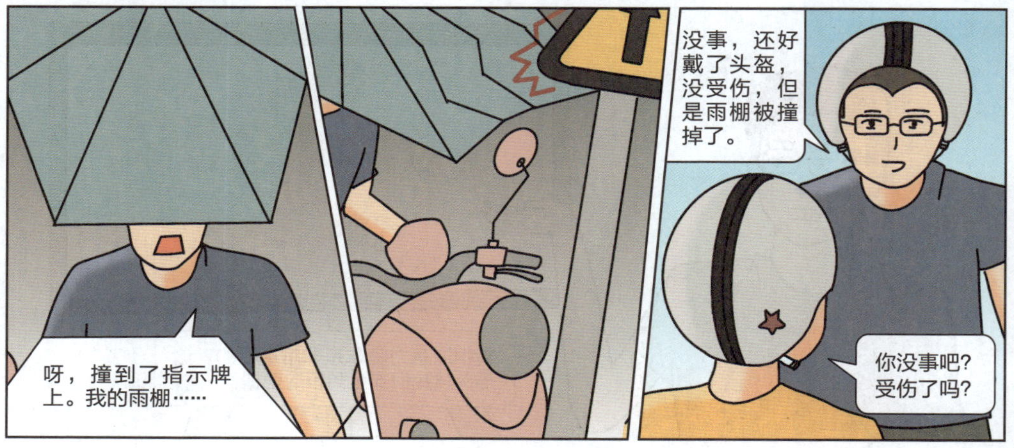

相关视频资源

掉了就算了，我们叠好送去维修。咱们继续骑行吧。
咦，没有雨棚，视野清晰，没有被遮挡的感觉了。

我骑你的车试试？
真的，没有任何遮挡，好舒服，我一会儿回去也把雨棚拆了。
感觉怎么样？

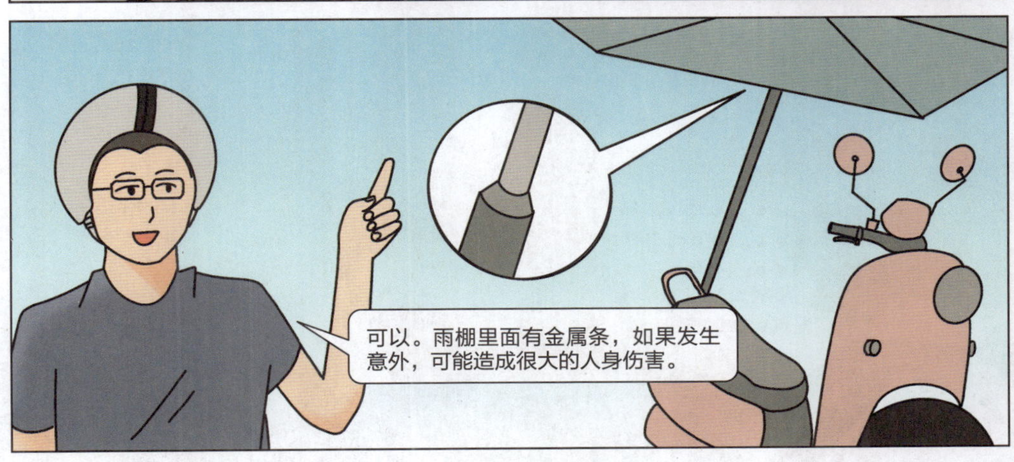

可以。雨棚里面有金属条，如果发生意外，可能造成很大的人身伤害。

第三节

“乘”得安全

宿舍与教学楼、图书馆、体育馆距离较远，同学们在校期间乘坐最多的交通工具是校车和摆渡车，尤其是课间时间短，慌忙之际将交通意识抛之脑后，不按规定乘坐，容易造成交通事故。

安全带 生命带

同学们，上车请系好安全带。
我才不系呢，哪有那么不安全啊。

小安，快把安全带系上，大家都系了。
哎呀哎呀，一会儿就到啦，哪有这么讲究，多此一举。

急刹！
请同学们抓好扶手，不要惊慌，不要乱动，前面发生事故了。

相关视频资源

大家都还好吧？
有惊无险，还好系了安全带。

好大的力！头有点晕，哎哟喂……

嗯嗯，“生命带”啊！
小安，现在知道安全带的重要性了吧，千万别小瞧它，关键时刻可以救命呢。

“戴头盔”不碍事

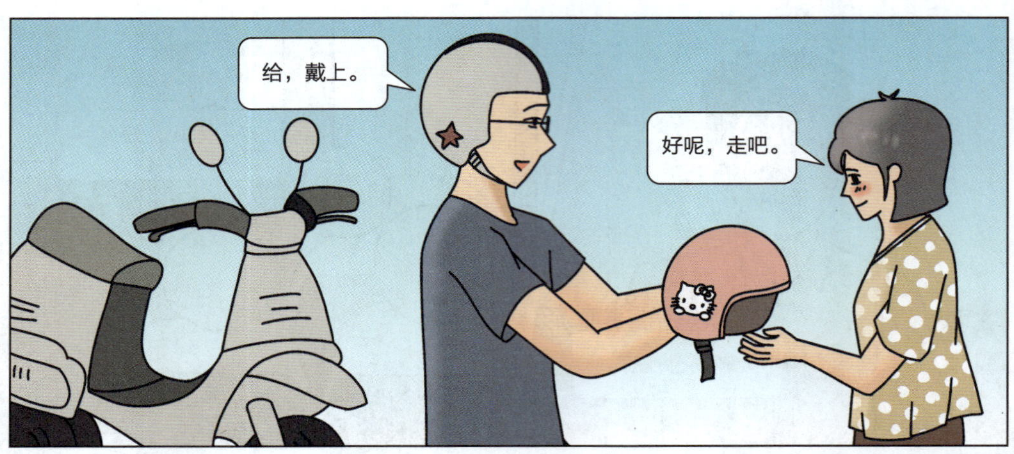
给，戴上。
好呢，走吧。

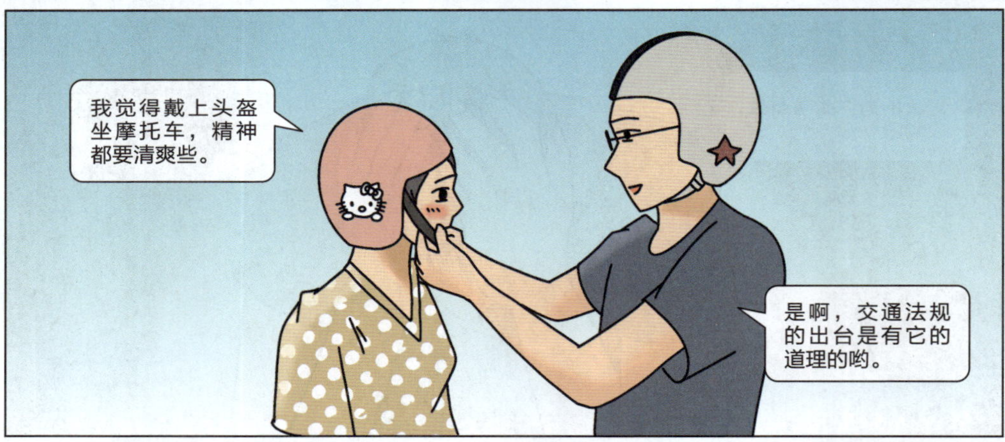
我觉得戴上头盔坐摩托车，精神都要清爽些。
是啊，交通法规的出台是有它的道理的哟。

骑上我心爱的小摩托，它永远不会堵车……

相关视频资源

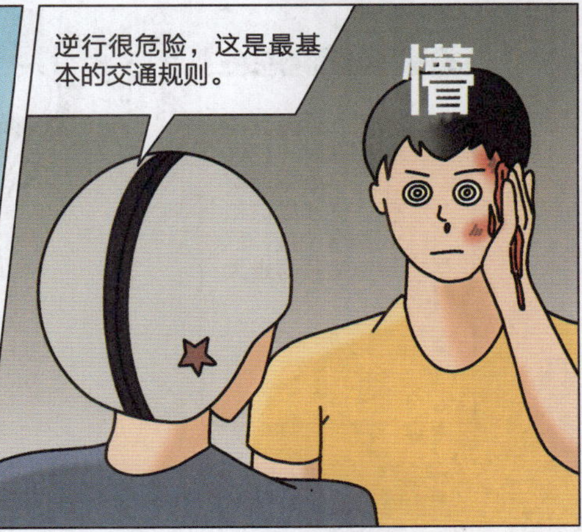

“野的”很狂野

还得赶回去开班会，还是坐吧！
姑娘，去哪里啊，这会儿你别想打到车，快上来吧！上车我就走。

小姑娘这么晚一个人出门啊?
有男朋友吗?
亲爱的，我坐了一个“野的”，有点害怕。

傻瓜，你怎么能坐黑车啊，已经上车了就不要害怕，你用微信和我共享位置，尽量提醒师傅走大路。

相关视频资源

焦急
位置共享

小姑娘，送你进学校吗？
叔叔，我们学校不让外来车辆进去呢。

你还知道学校不让进啊，学校还提醒我们不能坐“野的”，下次可别坐了！
真的担心死我了！下次我宁愿被公交挤成“夹心饼干”，也不坐“野的”了。

校车不是你家开的

相关视频资源

累死我了！还不是那
校车，一定要去招呼
站才能乘坐。
小安，你怎么才到
啊，我等你好久啦。

你不知道吗？
一直都是这样
的啊。
以前都在起始点
乘坐，还不知道
沿途不可以随招
即停。

招呼站
那你以后可记住了，咱校车
也是小小公交呢，人人都要
遵守它的规则才能真正地享
受被服务的快乐哦。

第四节

“开”得安全

考取驾驶证的在校大学生越来越多，由于种种原因，大学生驾车时发生交通事故也呈现出上升趋势。个别同学驾车时间短、经验少，遇到紧急情况时，缺乏处理经验，容易手忙脚乱，易发生交通事故。个别同学违章驾驶车辆，如因醉酒后驾驶车辆、驾车时闯红灯、超载等原因发生交通事故，造成驾驶人和乘车人的死伤。

宁停3分 不抢1秒

别着急！！！
宁停3分，不抢1秒。
呀，快黄灯啦，我得疾驰而过。

我听说，前几日，这儿才发生过一起因抢黄灯而引发的交通事故。

黄灯加速
一位同学，在驾驶过程中，遇到黄灯时，非但不踩刹车，反而加速行驶，最后险些酿成惨案。
是怎么回事呢？

相关视频资源

还算比较幸运，那我们规规矩矩地等候信号指示灯吧。
两车相撞，车身受损比较严重，所幸无人员伤亡。

前面有同学正准备通过斑马线，我们让他们先走吧。
隔得远哩，不着急。
看见行人就应该提前减速，准备让行！
好吧。

礼让
斑马线避让行人，千万别想着以身试法哦。

狭路相逢无人胜

相关视频资源

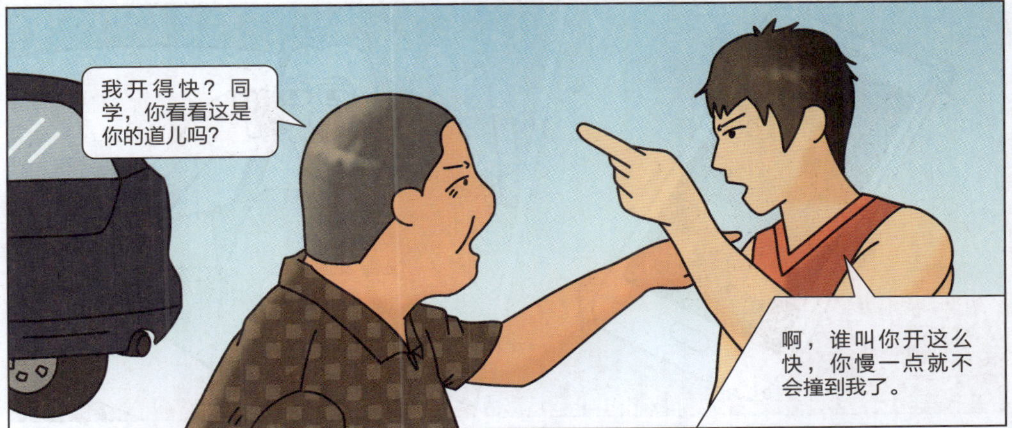
我开得快？同学，你看看这是你的道儿吗？
啊，谁叫你开这么快，你慢一点就不会撞到我了。

请两位将车移开到前面停车场，一起到治安科小坐一下。

你们两位似乎都有理，可惜都不在理。这是基本的交通规则，一个不能逆行，一个不能超速，完全可以避免的问题，却成了一场事故。

手机不离手 危险在招手

亲爱的
喂，亲爱的。

你怎么这么自私，我昨晚跟你说了我要去城里办点事儿，你简直没有把我放在心上。
你自己不提醒我，我已经走了，你要来就自己打车吧。

亲爱的
嘀！
挂断

相关视频资源

喝酒不开车

小安，我在校门口，你出来接我吧。
不行，我喝了一点儿酒。
白酒

一点儿酒不碍事，反正在学校，又没有人查车。
正是因为在学校，行走的同学多，更要注意行车安全问题。

不想接就不想接，废话那么多。
我要是没喝酒，怎么可能不来接你呀。

相关视频资源

定罪
醉驾
酒驾、醉驾是严重违法犯罪行为，
我们一定不可以心存侥幸。

好吧，算我错怪你了。我
慢慢走进来吧。

好呀，那我慢慢走出
来吧，正好散散步。

Chapter
03

第三章 财产安全

财产安全指拥有的金钱、物资、房屋、土地等物质财富受到法律保护的权利的总称。财产按所有权可分为：公有财产（国家财产是公有财产的一种）和私人财产。大体上，私人财产有三种，即动产、不动产和知识财产（即知识产权）。大学生个人财产的保护途径：一是他力保护，二是自力保护。他力保护就是利用法律、法规，依靠国家行政、司法机关、高校保卫职能部门和其他行政组织的保护。自力保护或称自我保护，是凭借自己对财产安全的防范意识和基本常识，依靠自己的力量，对财产的不法侵害进行事前预防和适时防卫以及事后保护。事前预防主要体现为防盗、防抢劫、防诈骗、防意外事故等；适时防卫主要体现为阻止侵害、正当防卫、紧急避险；事后保护主要体现为惩治侵害、挽回损失。根据造成财产损失的原因，财产损失主要分为盗窃、抢劫、抢夺、诈骗等类型。

当今校园，盗窃、诈骗、抢劫、传销、校园贷已成为影响学生财产安全的主要隐患，严重影响了学生正常的学习和生活。只有妥善保管好财物，才能解除学生和家长的后顾之忧，才能使大学生全身心地投入学习中去，才能创造安全和谐的校园秩序和育人环境，从而保障校园各项工作健康有序地进行。

引入漫画

适应新环境　把握新起点
树立新目标　迎接新征程
欢迎你们，新同学！

是的，这就是你们开启大学学习生活的环境。你们看那独具特色的自习室。
哇！我的大学原来如此美丽！

自习室干净雅致，舒爽宜人，周边还有帅气保安叔叔的安全守护，真是读书学习的好地方！
平安、和谐、祥和的校园环境需要我们共同守护。在保障生命健康和财产安全的前提下，我们才能静下心来好好学习和生活。

第一节 捂紧自己的"口袋"

盗窃，是指以违法占有为目的，采用规避他人管控的方式转移，从而侵占他人财物管控权的行为。

学生的物品被盗事件时有发生，被盗物品一般是学生的现金、学习用具、衣物及手机、电脑等较贵重的财物。学生寝室、教室、图书馆、食堂、运动场、浴室等公共场所是容易发生盗窃案件的地方。高校盗窃案有以下主要形式。

（一）顺手牵羊。盗窃分子趁主人不备，将放在桌上、床上的钱、手表及文具等或者将晾晒在阳台、走廊上的衣服偷走。这种盗窃的手段，不用撬门，不用撬窗，非常方便，所以叫"顺手牵羊"。

（二）溜门盗窃。盗窃分子趁室内无人、房门未锁之际，溜进门来，将室内的现金、信用卡、手机、照相机、笔记本电脑等贵重物品盗走。这种手段的速度非常之快，甚至不到一分钟就可以完成。尤其是盛夏季节，一些学生夜间睡觉为了凉快不关门，小偷趁机入室偷窃。

（三）窗外"钓鱼"。盗窃分子趁室内无人或室内人员睡觉之际，用竹竿、木棍等工具在窗户外边，将室内的衣服等物品勾走。

（四）翻窗入室。盗窃分子趁窗户敞开之机，割破纱窗，进入室内盗窃。

（五）撬锁入室。盗窃分子趁室内无人之际，撬坏门锁，入室盗窃。

（六）先盗钥匙，再盗物品。盗窃分子趁人不备，在宿舍等处偷来钥匙，或在图书馆、教室、食堂等公共场所，先从书包里盗窃学生的钥匙，然后尾随学生认清他的宿舍，再趁宿舍无人之际用钥匙开门，进行盗窃。

（七）除上述六类外还有偷配钥匙预谋行窃的，也有以找人、卖东西等名义混入宿舍行窃的，等等。

寝室门未锁 小偷趁机施贼手

相关知识拓展

运气真好，遇见个没上锁的。
收获满满

今天收获不小，走的时候还是把门锁上吧！嘿嘿！

空！
我桌上的笔记本电脑呢?
赶紧报警吧！
经过调查，你们这是遭遇入室盗窃了。

顺手牵羊　电脑占座被盗走

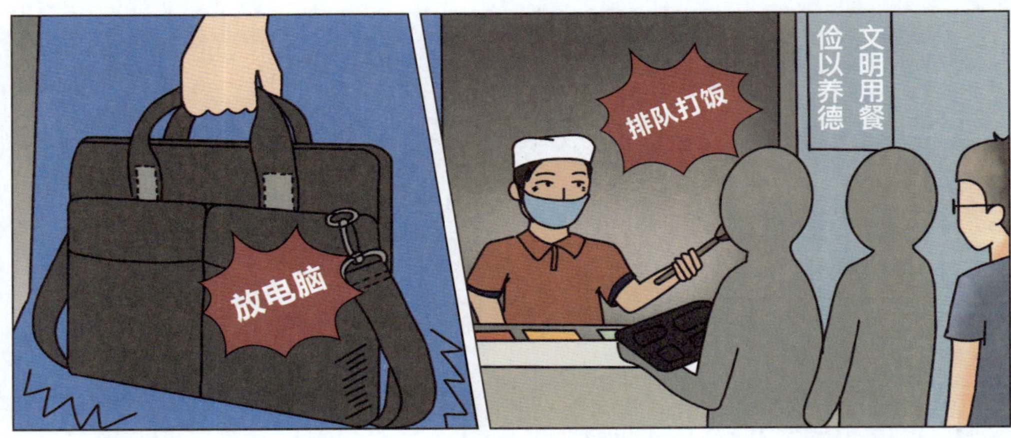

相关视频资源

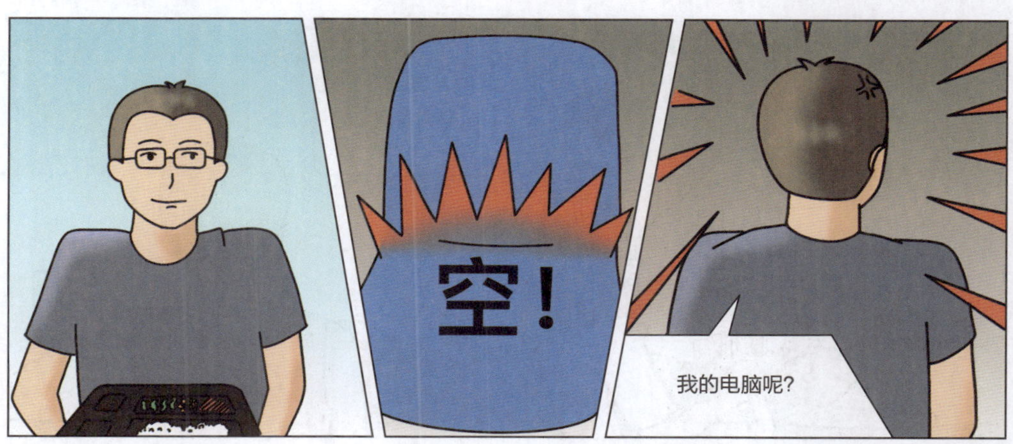

你的挥汗如雨　他的汗流浃背

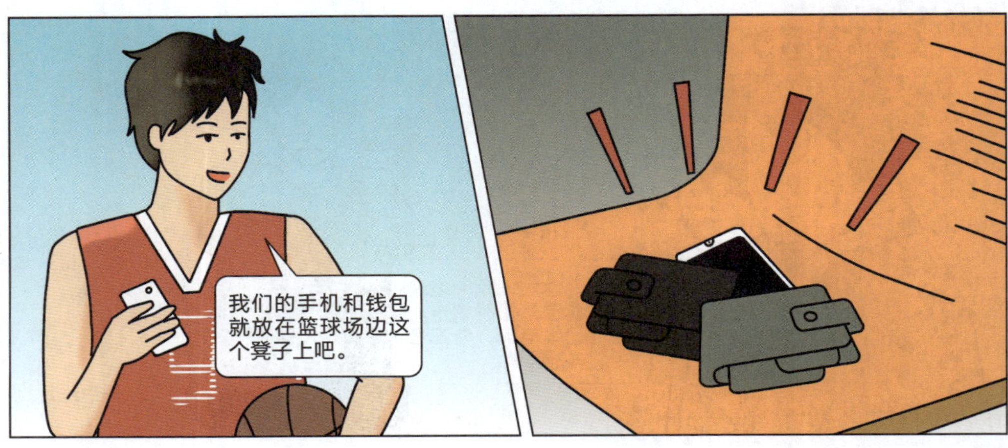

相关知识拓展

专心打球
快传球！

空！
我们的手机和
钱包呢？

收获满满！

盗损共享单车或涉刑

高薪兼职
每天回收故障共享单车，为使用者提供安全可靠的出行保障。每回收一辆，提供丰厚报酬。

个人及校园信息
填写信息
投递成功

开始工作

相关法律法规

公司还有新的业务，可以人为制造一些共享“故障单车”，返利更多！送你一些工具。

这样来钱才快！
破坏单车

调查监控
成功破案

第二节 借口为虚 诈骗为实

相关视频资源

诈骗，是指以非法占有为目的，用虚构事实或者隐瞒真相的方法，骗取款额较大的公私财物的行为。

据统计，发生在大学生中的上当受骗案件占学生治安案件的75%以上。诈骗案件的发生，作案人一方面利用个别大学生容易动恻隐、怜悯之心，另一方面利用个别大学生贪图小利、爱慕虚荣的心理，靠编造谎言，骗取被害人的信任，如假冒身份、骗取同情达到骗财骗物的目的。校园诈骗案件发生的主要原因是大学生自身安全防范意识淡薄，思想麻痹，财物保管不当，轻信他人，交友不慎。由此发生的案件，造成学生的财产损失，甚至危及大学生的生命安全。

诈骗的主要形式有以下几种。

熟人：借关系进行诈骗。

此类骗子往往是冒名顶替或以老乡、朋友的身份进行诈骗。而受害人往往碍于面子或出于“哥们义气”，只好“束手就擒”，更有甚者，把有人寻访看作一种荣耀，而“宁可信其有不可信其无”，继而“慷慨解囊”。

中介：借中介为名进行诈骗。

当前，此类诈骗案件有上升的趋势。此类骗子就是利用同学急于找到好的兼职、家教的心理，以招工点、兼职家教介绍所等名义进行诈骗或利用同学们作为其兼职劳动力，从中大捞一笔。

特殊身份：假借身份实施诈骗。

此类骗子多以“能人”的名义进行诈骗，如谎称自己是导演、公安人员、医生等，对找工作等难办的事表示“完全有能力”解决。这类诈骗手段较为单一，较易识破。

帮助：以情感诉求为由进行诈骗。

以遇到某种祸害急需别人帮助进行诈骗，从近几年来看，此类骗子多以走失的或财物丢失的学生、灾区群众、落难者等名义进行诈骗。事实上，这种诈骗手段大都比较原始，大家稍加思考就能识破。

小利：以小利益取信，进行诈骗。

此类骗子极为狡猾，采取“欲擒故纵”的方法，先以曾许诺的利益予以兑现，让你感到此人所做的事可信，待取得你的信任后，就狠狠地敲你一笔，让你在绝对信任或不知不觉中蒙受重大的损失，此类诈骗计划周密、不易发现，危害性较大。

网上刷单“轻松、来钱快”

http: //
刷单广告
每完成一单给5%的报酬
现结秒提现

XXX
QQ: XXXXXXX
VIP
49岁 | - | -
TA还未开通任何特权服
他的QQ空间
添加好友
刷
单

配送方式
运费险
货可赔付12元 ¥5.02
付款成功
买家留言：
共1件商品 小计：¥99.00
合计：¥99.00
提交订单
支付宝到账105元
报酬到账

相关视频资源

“公检法”电话诈骗

你好，你是XXX吗？我是某公安局的办案民警梁某，你的身份信息被盗用，涉嫌贩毒等违法犯罪活动，需要你配合我们调查。

啊！怎么会有这种事？那我要怎么配合你们？

把你的资金转到国家安全账户XXXXXX，我们要进行核实。
国家安全账户

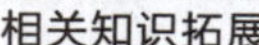
相关知识拓展

朋友圈留言、点赞诈骗

将本条信息分享至朋友圈，积满50个赞即可领取豪华大礼包一份，需填写个人资料，详情请扫二维码获取链接。

识别图中二维码
保存
分享
个人姓名
联系方式
身份证号
填写信息
提交
小可爱们帮忙点个赞啊！谢谢啦！
发布朋友圈

52

终于积满50个“赞”了，去领礼物了。

相关知识拓展

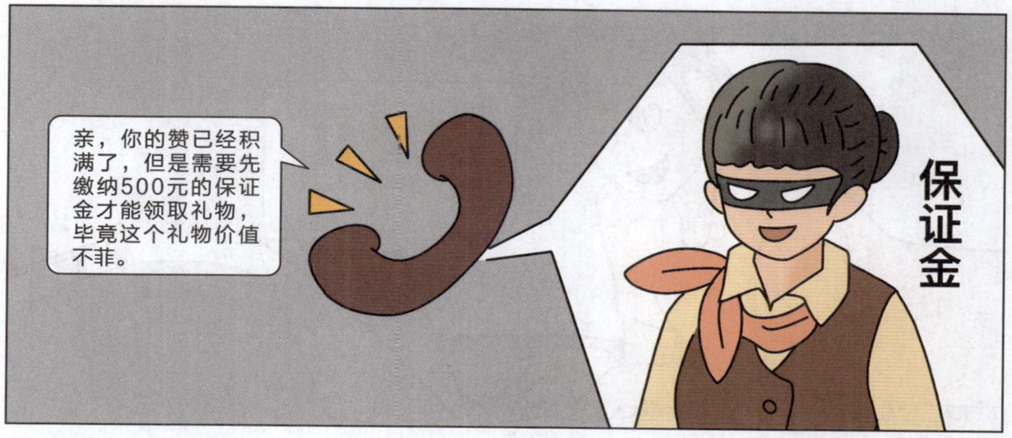
亲，你的赞已经积满了，但是需要先缴纳500元的保证金才能领取礼物，毕竟这个礼物价值不菲。
保证金

好的，马上转。

嘻嘻，又得手了。

网络购物退款诈骗

哇！这个网站的衣服、包包好好看哦，都是大品牌，商家搞活动，价格便宜，买买买。

亲，你好，是这样的，你在我XXX网络平台购买的包包有质量问题，不能发货了。我们跟你商量一下退款理赔的事吧。

怎么赔?

亲，通过支付宝商家理赔渠道赔付，你扫描我发的二维码，然后填写退款信息，按照我的要求操作就好了。
好的。

相关视频资源

现在你按照网页提示填一下你的身份信息和银行卡信息及电话号码，然后你会收到一条验证信息，你发送给我就可以了。

身份信息
银行卡信息
电话号码
填写信息
发送验证码
验证码：7788，请勿泄露给他人。

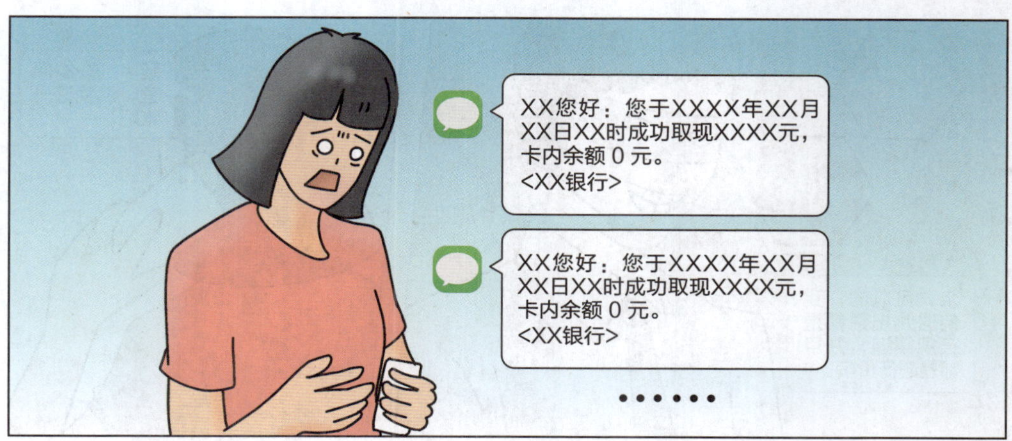
XX您好：您于XXXX年XX月XX日XX时成功取现XXXX元，卡内余额0元。<XX银行>
XX您好：您于XXXX年XX月XX日XX时成功取现XXXX元，卡内余额0元。<XX银行>
……

机票退改诈骗

我回家的火车票卖完了， 票又太贵了。
我朋友圈有个票贩子，你要不要试试，票价也挺便宜的。

您好，请问可以订票吗？我想订一张从XX到XX的机票。

正规渠道
超低价
亲，可以的，我们这儿出票都是正规渠道，并且都是超低价哦。
哇！这么便宜，那我订一张吧。

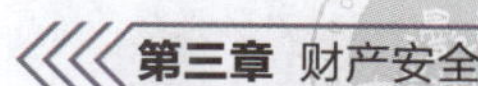

相关知识拓展

由于航班取消，订票没有成功，但是退款要3日后才到账，你把费用再转给我一次，我抢另一班的机票。
好的，那麻烦你了，我马上去转。

为了回趟家也太不容易了，赶紧转过去吧。
XX您好：您于XXXX年XX月XX日XX时成功转账XXXX元，卡内余额200元。<XX银行>

现在的小孩真好骗。

以提供考题或答案为名诈骗

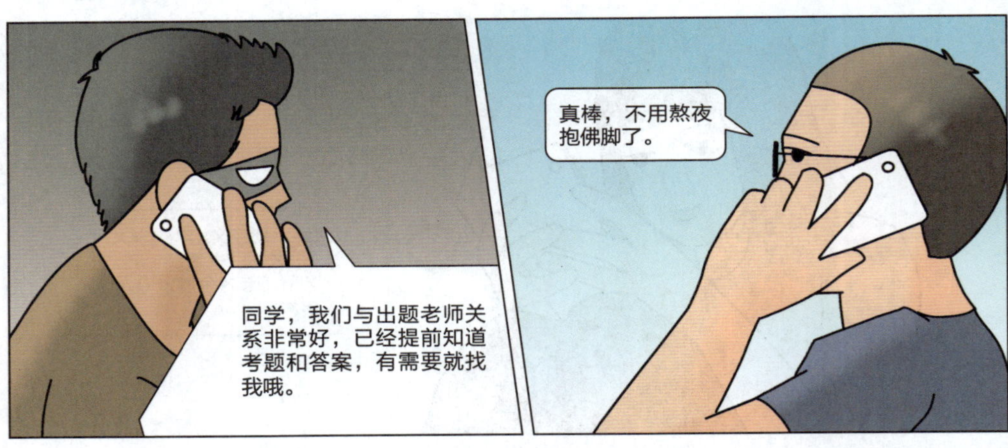

相关知识拓展

转账成功

同学，为了保密需要，你要再汇1000元“保密金”，如果不把试题或者答案告诉别人，考试结束后就退还。
好的。

试题和答案什么时候发?
您不是对方的好友

“包裹有违禁品”诈骗

买！
买！
买！

您好：您有一个包裹已到达，因涉嫌有违禁品，公安部门正在调查，需进行个人财产保护，工作人员将随后与您联系，联系电话为12340110。

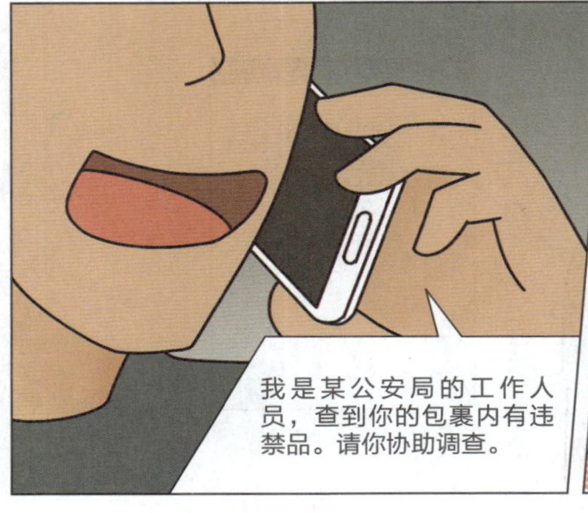

我是某公安局的工作人员，查到你的包裹内有违禁品。请你协助调查。

啊！那怎么办？

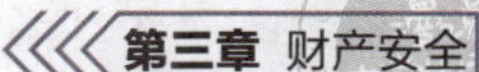

相关知识拓展

我给你个联系方式，你跟那边联系一下。

你好，我刚刚接到电话说包裹有违禁品，让我跟你联系一下。

不要担心，你的信息被泄露了，为了保护你的财产安全，请提供一下银行卡和密码。
好的好的，马上发给你。

五分钟后……
XX您好：您于XXXX年XX月XX日XX时成功取现XXXX元，卡内余额0元。
您所拨打的号码是空号。

急忙报警
110

第三节

光天化日被抢了

抢劫，是指以非法占有为目的，以暴力胁迫或者其他方法将公私财物据为己有的一种犯罪行为。抢夺，则是指以非法占有为目的，趁人不备，公然夺取他人的财物的一种犯罪行为。这两类犯罪行为都会侵害他人的人身和财产权利，且容易转化为凶杀、伤害、强奸等恶性案件，对被害人造成精神伤害，甚至危及生命安全，具有很大的社会危害性。

校园发生抢劫（抢夺）案件有以下主要特点。

（一）时间上的规律性。犯罪人作案的时间大多在晚上，也有少部分人白天作案。高校抢劫案一般发生在行人稀少、夜深人静及学生开学特别是新生入学时，具有一定的规律性。

（二）地点上的隐蔽性。犯罪分子作案一般选择校园内较为偏僻，或者校园周边地形复杂、人少及夜间无路灯地段。多数抢劫案件都发生在游览区、交通工具稀少或要道、学校、商店、银行等公共场所。

（三）目标的选择性。犯罪分子抢劫的主要目标是穿着时髦、携带贵重财物、单独行走及在无人地带谈恋爱的大学生情侣等。

（四）犯罪主体的复杂性。犯罪主体男性多于女性，多为无生活来源者和刑满释放人员，以青少年为主，文化程度较低，团伙犯罪居多，作案人之间关系不明确现象突出。近年来，在校学生参入抢劫犯罪的现象突出。

（五）犯罪手段多样残忍，并且新型手段盛行。犯罪分子在抢劫过程中用刀、棍、枪等凶器对被害人施以暴力致使被害人非死即伤，手段极其残忍。与此同时，多种新型抢劫手段盛行，如以传播病毒为名抢劫，色诱麻醉抢劫，以送邮件、送礼为名抢劫，穿着特殊制服抢劫，以网友见面为名抢劫。

（六）转化性比较强。某些犯罪分子一开始并不是预谋抢劫，而是盗窃、诈骗，在被发现后，为了逃避法律制裁，当场使用暴力或者以暴力相威胁，从而转化成抢劫罪；有的犯罪分子携带凶器在实施抢夺犯罪的过程中转化为抢劫罪。

（七）有一定范围地侵害对象。从侵害的对象来看，携带钱财或贵重物品的人都有可能成为被袭击、被抢的对象。

女大学生独自外出　惨遭抢劫

相关法律法规

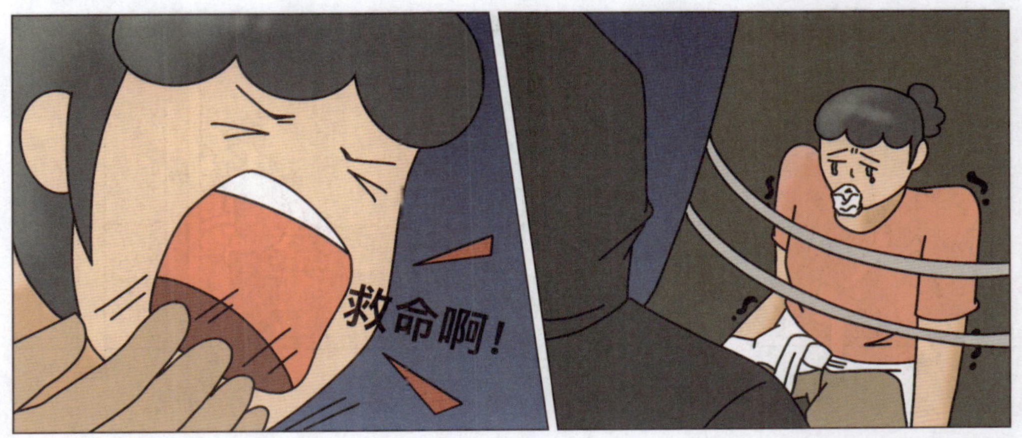

情侣户外避雨　惨遭抢劫

相关知识拓展

把钱拿出来！

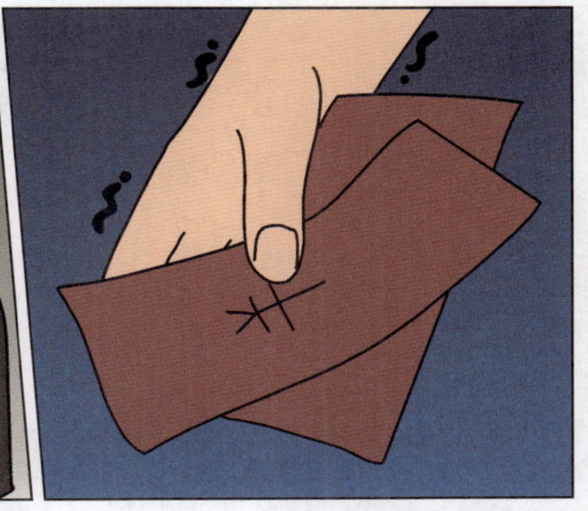

就只有200元！
钱，还有手机都给我拿出来！

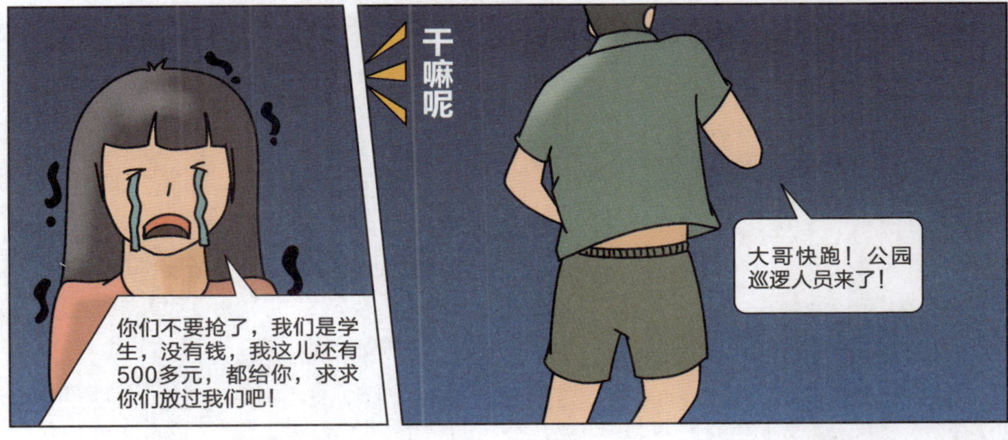
你们不要抢了，我们是学生，没有钱，我这儿还有500多元，都给你，求求你们放过我们吧！
干嘛呢
大哥快跑！公园巡逻人员来了！

第四节

传销和高利贷“套路”

传销是一种违法犯罪行为。《中华人民共和国刑法修正案（七）》明确规定组织领导传销活动是一种犯罪行为。《禁止传销条例》明确严禁任何单位和个人从事传销活动。参与传销活动，均要承担相应的法律责任。为传销活动提供经营场所、培训场所、货源、保管、仓储等便利条件的，均要受到相应的法律制裁。

传销是指组织者通过发展人员或者要求被发展人员以交纳一定费用为条件，取得加入资格等方式非法获得财富的行为。传销的本质是“庞氏骗局”，即以后来者的钱支付前面人的收益。

新型传销：不限制人身自由，不收身份证和手机，不集体上大课，而是以资本运作为旗号骗钱，利用开豪车和穿金戴银等吸引你的亲朋好友，最后让你达到血本无归的地步。

非法传销手段有：以双赢制、电脑排网、框架营销等形式进行传销；假借专卖、代理、特许加盟经营、直销、连锁、网络销售等名义进行变相传销；采取会员卡、储蓄卡、彩票、职业培训等手段进行传销和变相传销，骗取入会费、加盟费、许可费、培训费；以及其他传销和变相传销的行为。

传销行为有以下主要特征。

（一）交纳或变相交纳入门费，即交钱加入后才可获得计提报酬和发展下线的“资格”。

（二）直接或间接发展下线，即拉人加入，并按照一定顺序组成层级。

（三）上线从直接或间接发展的下线的销售业绩中计提报酬，或以直接或间接发展的人员数量计提报酬或者返利。

校园贷是指在校学生向正规金融机构或者其他借贷平台借钱的行为。

违规校园贷机构利用学生盲从的消费和懵懂的借贷心理进行诱骗，是校园贷乱象丛生的一大主因。大学生申请校园贷大多用于购物、娱乐、交际，一些平台通过虚假宣传，如零首付、零利率等，但实际上却借由各种名目收取手续费，此外，还存在故意隐瞒借款利率或者期限等陷阱。部分平台宣称零抵押，却要求提供身份证、学生证，甚至“裸条”等个人隐私。学生的个人信息面临泄露风险，甚至导致身陷骗局，一旦上当，将蒙受巨大精神压力和财产损失。

“关系好”的陌生网友实是传销人员

相关知识拓展

我给你介绍一下，这是我们的领导层，后面也会开展如何销售产品等公开课。
这是传销吧，得想办法逃走。

伺机逃跑

给家里发个短信报个平安吧，就说几天后就回家了！

借款4万 还款百万

本公司专门为在校学生提供小额贷款，安全、快捷、方便、无抵押、可分期，当天放款……如有需要，请联系欧阳先生，电话12345678900，微信同号。

你好，我想办理贷款。
好的，办吧。
借款5万元，实际到账4万元，扣除2000元上门费和8000元中介费，借条金额为9万元。

还完3期后……
立刻还清所有借款！
我是兼职赚钱的，根本还不起。
可以帮你“平账”。你去联系XX借款公司。

相关视频资源

一个月后还款
1.3万元，需
要打6万元的
借条。
15天后……
提前还款

提前还款属于违约，你需
要偿还6万元的违约金。
拿不出钱就不放人。

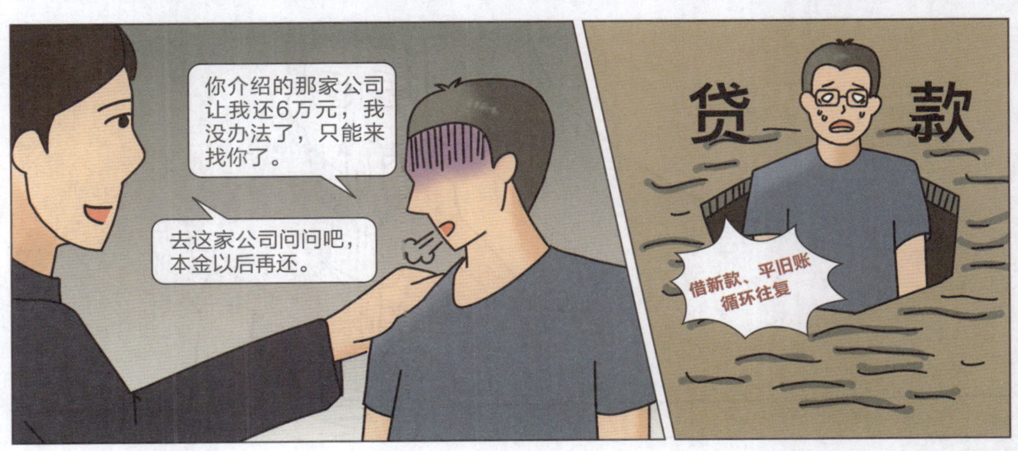

你介绍的那家公司
让我还6万元，我
没办法了，只能来
找你了。
去这家公司问问吧，
本金以后再还。
贷款
借新款、平旧账
循环往复

染指校园“高利贷” 无力偿还

相关视频资源

本公司专门为在校学生提供小额贷款，安全、快捷、方便、无抵押、可分期，当天放款…… 如有需要，请联系12345678900，微信同号。
嘿嘿，贷款后就可以买新款iPhone了。

审核通过
贷款金额：20000元
借款到账
两个月后……
钱包又空了
¥

本金加上利息，您已经欠款50000元，请尽快还钱，否则我们就到你的学校找你。
再不还就给你的亲戚朋友发短信了。

Chapter
04

第四章

消防安全

消防安全事关人民群众生命财产安全与社会稳定和谐发展，是国民经济和社会发展的重要保障，也是社会公共安全的重要组成部分。近年来，随着我国高等教育事业的快速发展，办学规模不断扩大，学生数量逐年递增，校园消防安全形势也日益严峻。因此，普及消防安全知识，增强火灾应急处置能力，同时营造良好的消防安全环境，将是校园安全教育的重要内容。

引入漫画

欢迎新同学
欢迎你，小安同学！
师兄好！

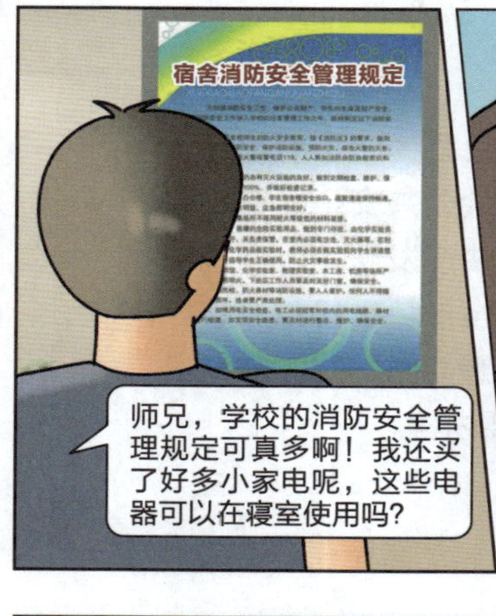
宿舍消防安全管理规定
师兄，学校的消防安全管理规定可真多啊！我还买了好多小家电呢，这些电器可以在寝室使用吗？

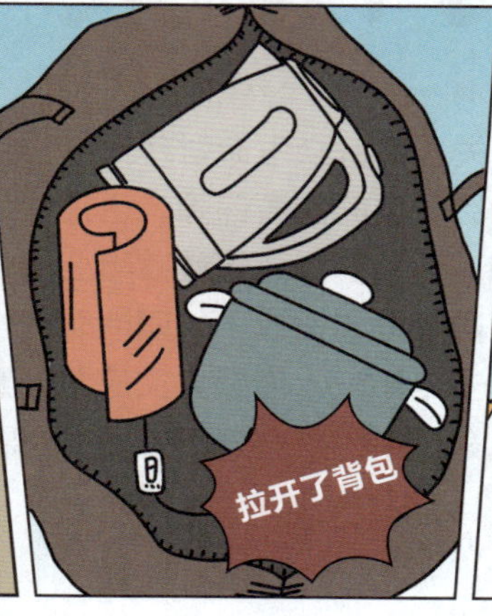
拉开了背包

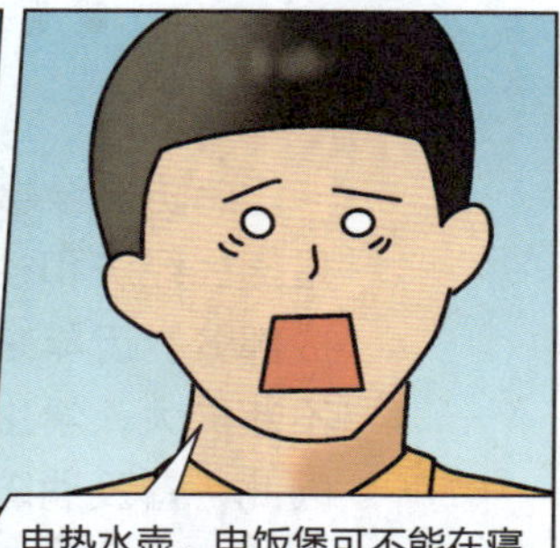
电热水壶、电饭煲可不能在寝室里使用啊，你竟然还带了电热毯！小安，学校宿舍人员密集，使用这些电器极易发生火灾，宿舍里面是严禁使用的！

学生宿舍防火安全十不准
学校的消防安全工作做得真细致，连寝室内都有规定！
消防安全
必须的！不管是在学生宿舍还是在学校其他地方，消防安全都需要大家共同维护！

第一节

发现身边的火灾隐患

相关法律法规

高校是人才培养和科学研究的重要基地，人员高度聚集，建筑功能复杂，珍贵文献、仪器设备众多，一旦发生火灾，后果不堪设想。据统计，2008—2018年，全国共接报校园火灾1万余起，直接财产损失4000多万元。电气故障、用火不慎、吸烟、玩火、生产作业、自燃是火灾发生的主要诱因，其中电气火灾占40%以上，用火不慎、吸烟等人为因素占25%以上。因此，消除身边的火灾隐患，预防火灾事故的发生，做到防患于未然，是大学生参与消防安全的第一步。

火锅的“火”

XX火锅店
来吃火锅的人好多啊。
每桌限坐4人
是啊，还要排队，真麻烦！要不我们回宿舍自己动手？

怕啥呀，关上门谁知道？走，去超市逛逛！
宿舍里煮火锅？不妥吧！

这锅功率这么大！要跳闸！不行的！
变压插座
我有变压插线板啊！不怕。

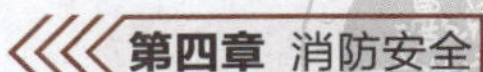

相关知识拓展

小全，你可真有办法！这下我们寝室可以天天吃小火锅啦！
嘿嘿，学校的规矩多！我们的办法也不能少！

变压插座
瞬间起火
不好！着火啦！快跑！

你们俩在寝室里擅自使用大功率电磁炉和未经国家合格认证的插线板，你们的行为已违反学校消防安全管理规定……

这门锁不得

今天的天气好晴朗，洗了鞋子拿来晾。

俗话说得好，一分价钱一分货，这双鞋子真不错！

安全出口
安全出口
屋顶平台有两个门，万一有人把我的鞋拿走了可怎么办呀！

相关法律法规

安全出口
安全出口
还是我聪明，买两把锁，锁上门就不用担心啦。

这门是谁上的锁?
走，去控制室查一下监控。

安全出口
调查监控
我真不知道啊!
同学，这门可不能锁啊!
601的小安同学，你的行为已违反学校消防安全管理规定，请把锁取下来，跟我们去宿舍管理中心接受处理。

第二节

初起火灾的处置

在火灾初起阶段，通常燃烧面积不大、热辐射不强、火焰不高、烟气流动缓慢，是灭火的最佳时机。初起火灾处置不当、未及时报警是导致火灾蔓延，乃至发生重特大火灾事故的重要原因。因此，火灾发生后，及时报警，快速识别火灾类型，正确选择并熟练使用消防器材，有效地将火灾控制在萌芽状态，防止损失进一步扩大，是大学生应该掌握的基本消防技能。

你会拨打火警电话吗?

相关视频资源

301
怎么回事啊！这么大的火！来人呐，着火了！
小安，赶快拨打“119”！

2F
119，我们宿舍着火了！快来灭火啊！
别着急，请讲清楚着火的具体地址、什么东西着火及火势大小。
XX大学男生宿舍301寝室，火很大！你们赶快来啊！

1F
喂，119，我们这里是XX市XX区XX大学XX校区的男生宿舍13栋301寝室，寝室内发生了火灾，现在书桌和床铺都在燃烧，目前没有人员伤亡，请速速前来救援。
收到，我们立刻出发，请你们迅速撤离火灾现场，并保持电话畅通，在安全地方等待我们到来。

水未必能克火

相关知识拓展

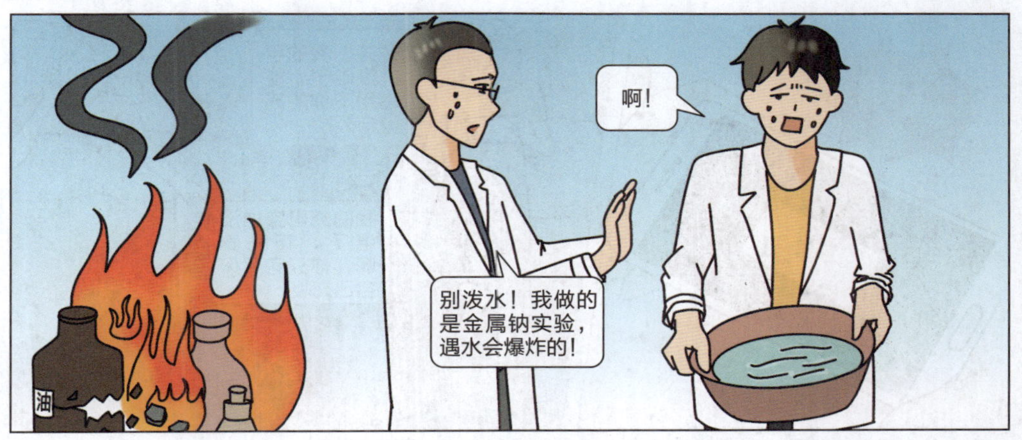
啊！
别泼水！我做的
是金属钠实验，
遇水会爆炸的！
油

天啦！！
那咋办！！
小全，别喷！
干粉灭火器也
不能用！
油

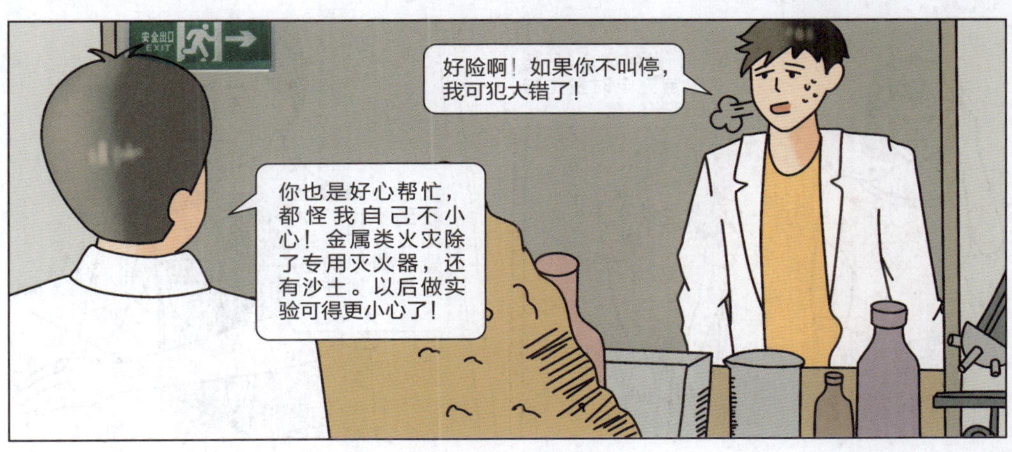
安全出口
EXIT
好险啊！如果你不叫停，
我可犯大错了！
你也是好心帮忙，
都怪我自己不小
心！金属类火灾除
了专用灭火器，还
有沙土。以后做实
验可得更小心了！

灭火器作用大 消除火苗本领强

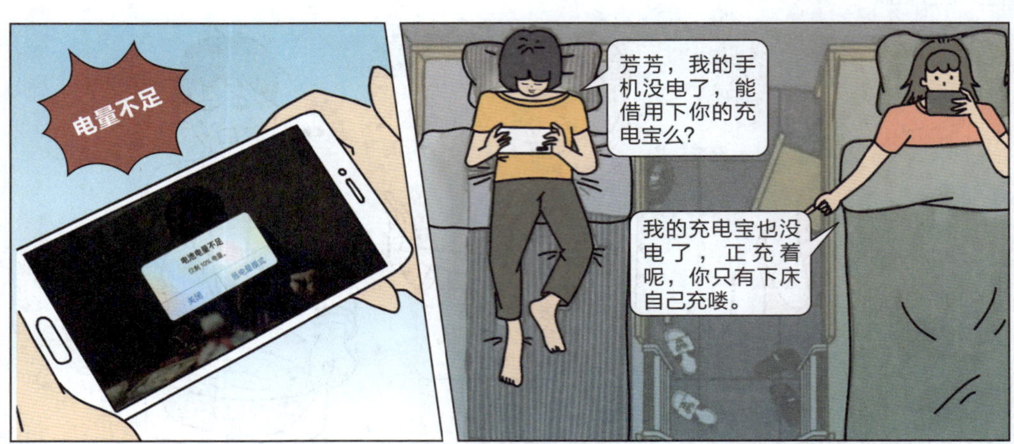

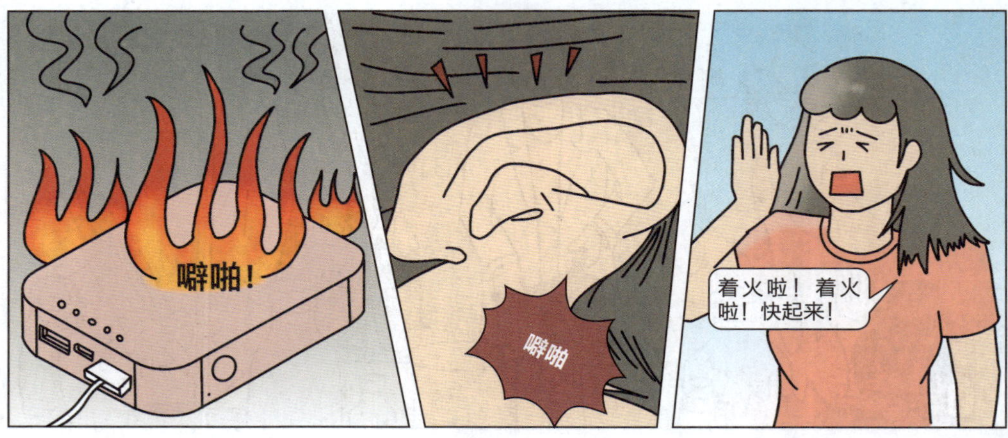

相关视频资源

哇！太酷啦！！小小灭火器威力这么大！

请你们牢记：凡是遇到带电火灾，首先关掉或拔掉电源，再使用干粉或气体灭火器、湿毛巾等进行扑救！切不可直接用水扑救！

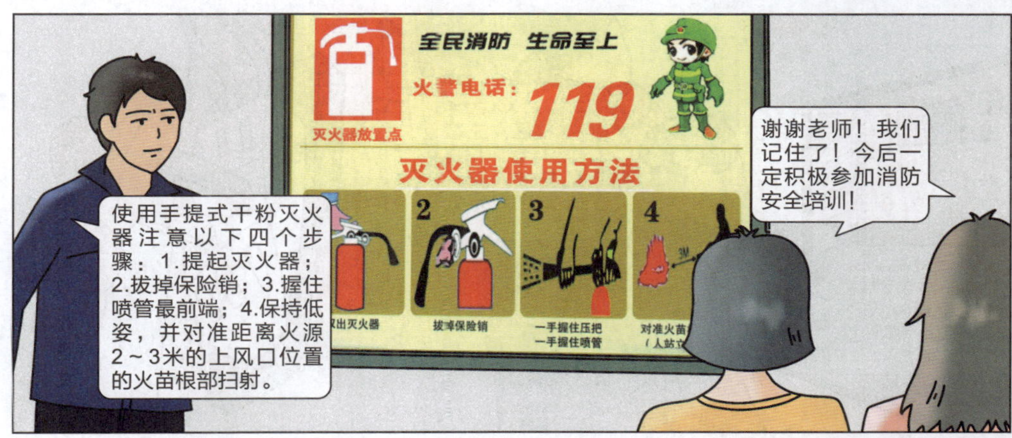
全民消防 生命至上
火警电话：119
灭火器放置点
灭火器使用方法
拔掉保险销
一手握住压把
一手握住喷管
使用手提式干粉灭火器注意以下四个步骤：1.提起灭火器；2.拔掉保险销；3.握住喷管最前端；4.保持低姿，并对准距离火源2～3米的上风口位置的火苗根部扫射。
谢谢老师！我们记住了！今后一定积极参加消防安全培训！

消火栓威力大 大火还得使用它

相关视频资源

这火太大了！灭火器根本无法扑灭，赶快去拿消火栓！

我来连接阀门，你们赶快到起火点连接水枪！

连接水枪

我们这边已准备就绪，可以放水了！

收到！
各位老师处置得非常及时！大火就得用消火栓！

第三节

如何逃生与自救

火灾现场常常伴随高温、浓烟、有害气体等危险因素，严重威胁火场被困人员的生命安全。发生火灾时，保持沉着冷静，及时抓住逃生时机，正确选择逃生路线和方法，才能实现逃生自救。因此，掌握必要的逃生与自救消防知识至关重要。

火灾逃生的正确方式

发生火灾，请老师、同学立即撤离大楼。

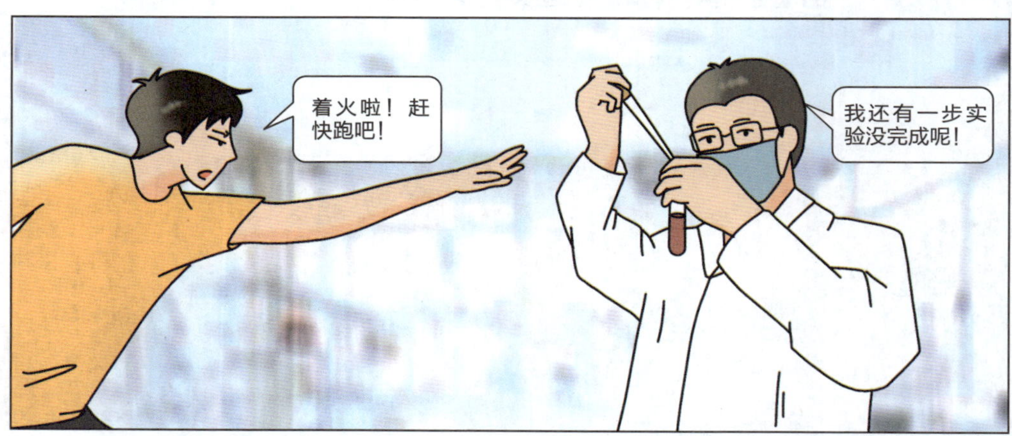
着火啦！赶快跑吧！
我还有一步实验没完成呢！

拉着我的衣服！弯腰！捂鼻！快找墙角处的绿色疏散指示灯！跟紧了…… 怎么半天找不到疏散指示灯呢？！
烟气这么大！什么都看不见！往哪儿跑啊？
别找啦！摸着墙壁出去吧！
难道是我前天踢球回来，把它踢坏啦？

相关知识拓展

坐电梯容易被困的！走楼梯！
小全，电梯快！

微型消防站
小安，那边有消防应急储物柜，我们快戴上防毒面具冲出去！

消防安全实训课没白上，刚才可真险啊！
幸亏有你！我以后再不敢破坏消防指示标识了！

逃还是不逃?

相关知识拓展

拿湿毛巾捂住口鼻，去阳台呼救，快！

救命呀！
救命呀！
我们在这里！

同学们，你们的沉着冷静，为自己逃生最大限度争取了时间，为你们点赞！

Chapter
05

第五章

校园日常生活安全

安全是指没有受到威胁，没有危险、危害、损失。安全是在人类生产生活过程中，将系统运行时对人类的生命、财产、环境可能产生的损害控制在能接受水平以下的状态。简单来说，日常安全是日常生活中对大学生不造成伤害，不存在危险、危害的隐患。本章主要介绍食品安全、应急救护、运动安全、传染病的防治。

引入漫画

一起去学校讲堂听
校园安全讲座吗?
好啊,
一起去。

今天这场讲座受
益匪浅啊。
确实是,老师讲
述了在校园日常
生活中各类安全
事项,让我领会
多多。

看,那是我们校园内
网红木桥,我们也去
挂一个吉祥物吧。
好啊。

第一节 食品安全

相关法律法规

食品安全是指食品无毒、无害，绿色健康，符合应有的营养要求，对人体健康不造成任何急性、亚急性或者慢性危害。倍诺食品安全对此定义，食品安全问题是“食物中有毒、有害物质对人体健康影响的公共卫生问题”。食品安全对我们很重要。食品安全既包括生产安全，也包括经营安全；既包括结果安全，也包括过程安全；既包括现实安全，也包括未来安全。

有毒的青色土豆丝

几天后……
土豆发芽

这能行吗？学生不会中毒吗？
那行那行！
没问题，以前我们在农村啥没吃过，现在大学生没这么金贵！

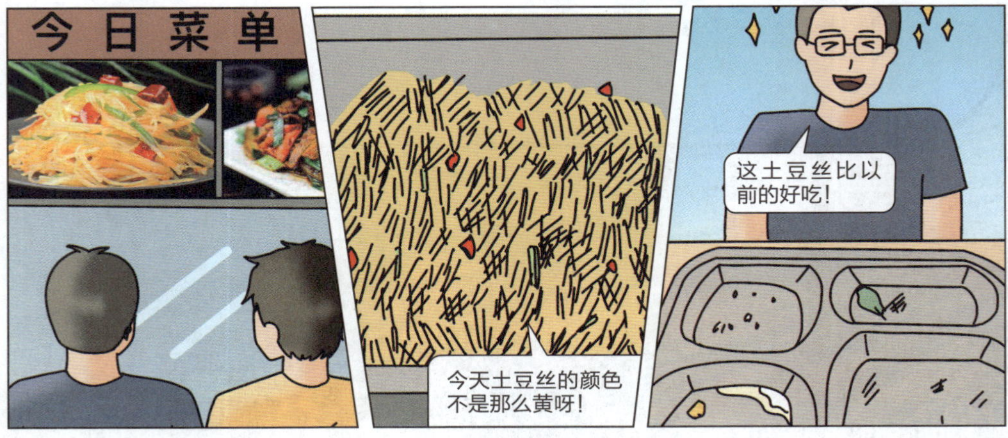
今日菜单
今天土豆丝的颜色不是那么黄呀！
这土豆丝比以前的好吃！

相关知识拓展

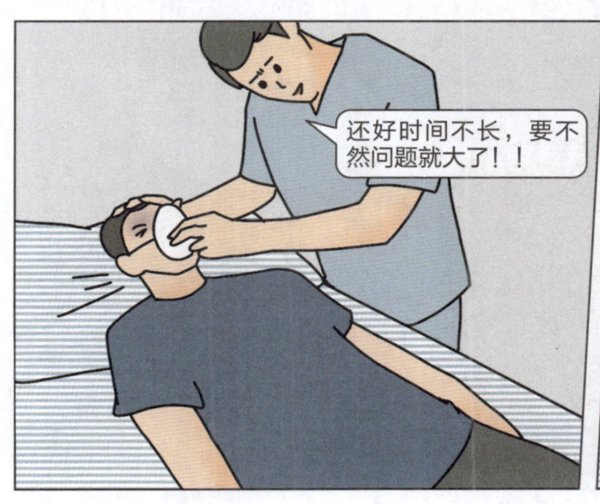

小心违规食品添加剂

BRINGS OUT A SMILE!
今天买什么呢？

ZZZ
买我，买我，我白又亮！做出来的东西有光泽。
质面粉
（含吊白块）
优质面粉

我是最鲜艳的菜，让你吃了有气色，很不错的哦。
其实我是苏丹红染过的，嘻嘻嘻。

相关知识拓展

其实我是吃瘦肉精吃出来的。
我很有型的，物美价廉哦。

就你们三个了，回去“包饺子”刚刚好。
嘿嘿嘿，我们得逞了
吊白块
瘦肉精
苏丹红

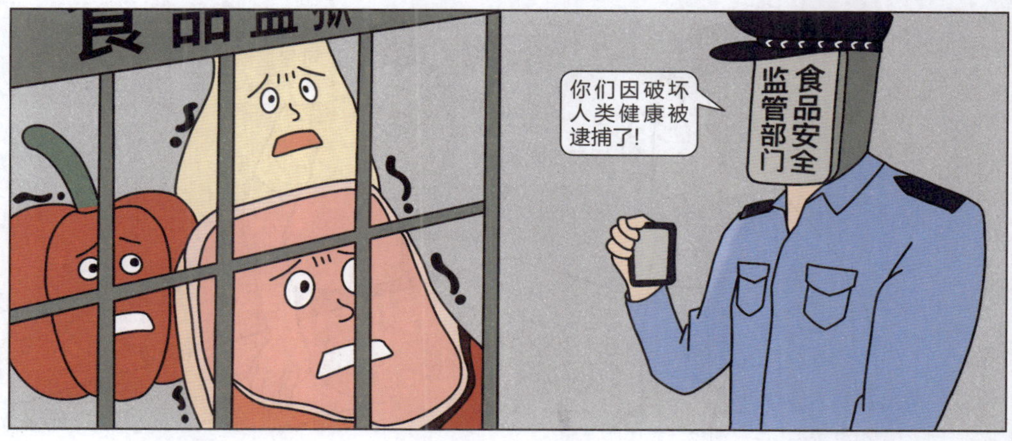
你们因破坏人类健康被逮捕了!
食品安全监管部门

小心不卫生的小摊

好久不见，一起吃个饭啊。
好的。

XX烧烤
小安你想吃什么呢，我听你的。
好呀好呀，我们去那家路边摊吧。

可是这家摊子看起来不太卫生。
我们就吃这家。

相关知识拓展

拜。
拜。
凌晨三点
凌晨三点
同时腹痛进医院

真是疼死我了。
啊？是小全吗？

果然是那个摊子卖的食物有问题，对不起，都怪我。我们以后别吃路边摊了。
你们是由于吃了不干净的食物而导致的腹痛，以后一定要注意食品安全问题，不要选择没有经营执照的店铺就餐。

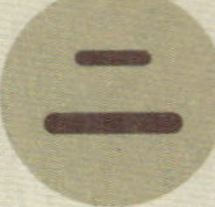

第二节

应急救护

相关知识拓展

在急病或意外发生时，急救是非常重要的。急救技术不仅需要专业急救医务人员熟练掌握，也需要我们每个人去认真学习并掌握。意外的发生猝不及防，我们需要更多地关注身边的人，做一些我们力所能及的事。

中暑

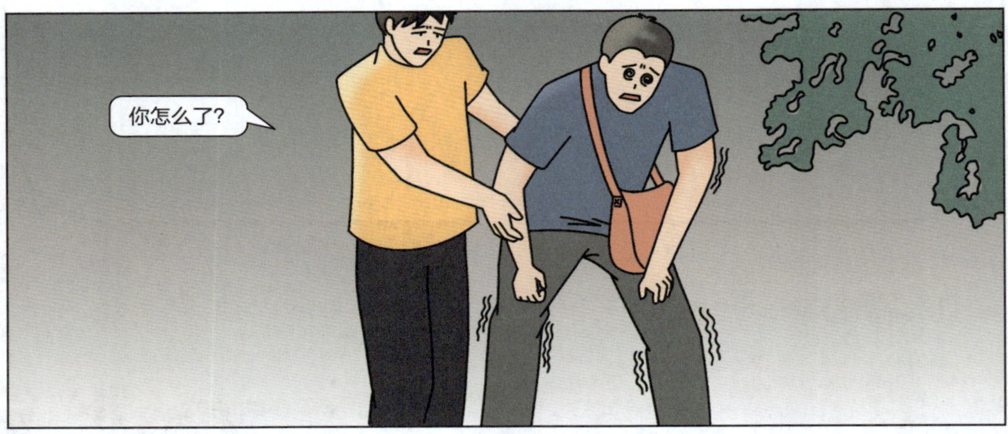

相关知识拓展

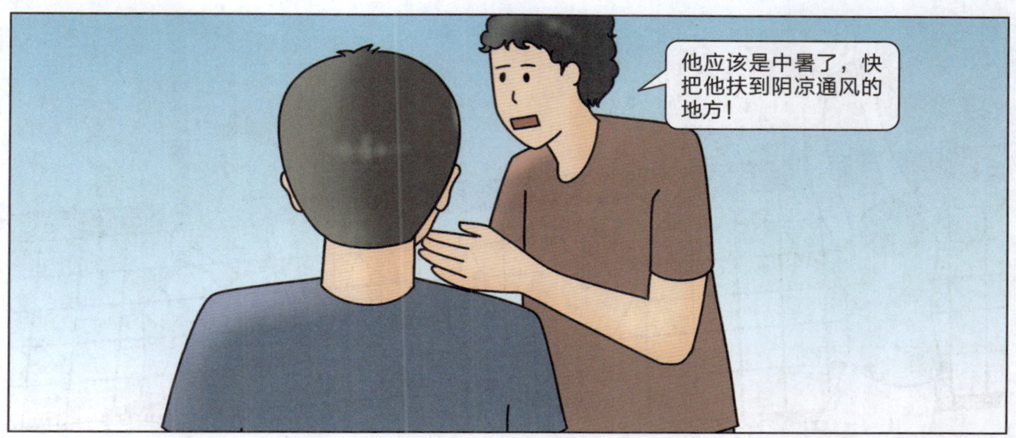

正确急救 防止二次伤害

相关知识拓展

怎么啦，怎么啦?
啊，我的腿!

快打120，他这是开放性骨折，我来给他止血，不然会因失血过多导致休克的。不要动他的腿，以免造成更可怕的二次伤害。

这位同学的处理非常正确，在我们赶来之前给患者紧急止血，避免了患者失血过多。你们没有私自搬运患者也非常正确，避免了操作不当给患者带来二次伤害，非常值得表扬。

正确处理踝关节扭伤

相关视频资源

踝关节扭伤48小时内不能按揉。我们送他去校医院吧。
我给他揉揉吧。

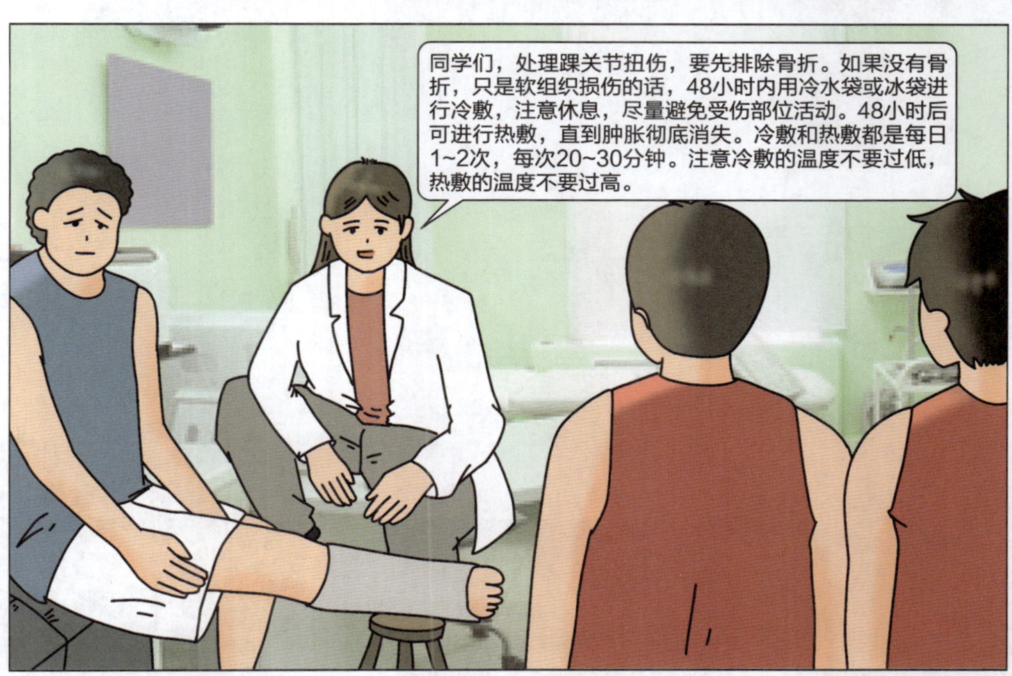
同学们，处理踝关节扭伤，要先排除骨折。如果没有骨折，只是软组织损伤的话，48小时内用冷水袋或冰袋进行冷敷，注意休息，尽量避免受伤部位活动。48小时后可进行热敷，直到肿胀彻底消失。冷敷和热敷都是每日1~2次，每次20~30分钟。注意冷敷的温度不要过低，热敷的温度不要过高。

第三节

运动安全

相关知识拓展

体育运动是以身体练习为基本手段，以全面发展身体、增强体质、提高运动技术水平、丰富社会文化生活为目的的一种有意识、有组织的社会活动。体育运动安全是指在参加体育运动时不发生或少发生安全事故，即指参加体育运动的人遵循体育运动规律，增强安全意识，不因疏忽大意而发生事故。

跑步呼吸需有法

好久没运动过了，今天要体测，我跑步肯定不行呀。
之前喊你一起锻炼，你又不跟我一起。

预备，跑！
加油！
我尽力。

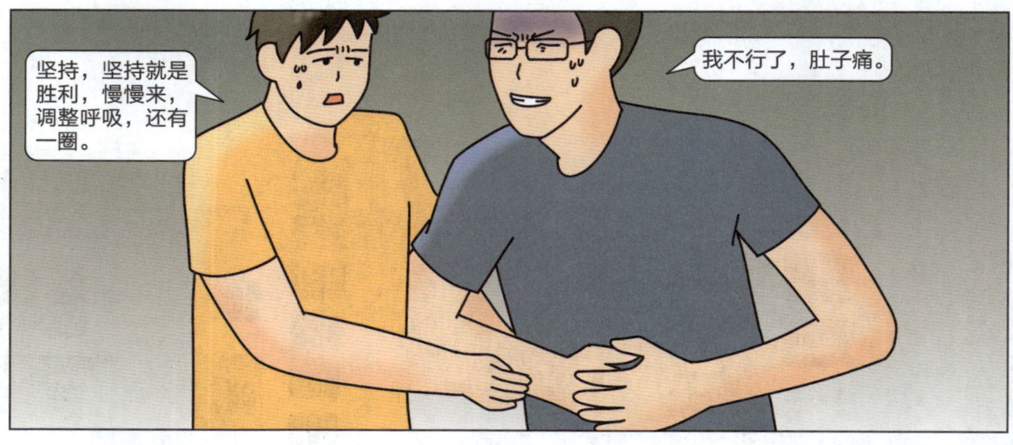
坚持，坚持就是胜利，慢慢来，调整呼吸，还有一圈。
我不行了，肚子痛。

相关知识拓展

我肚子好痛呀！
你还好吧？

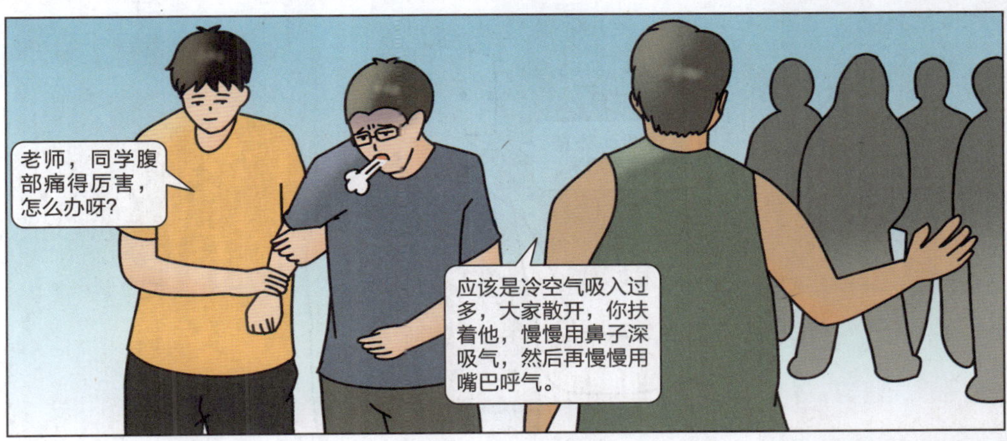
老师，同学腹部痛得厉害，怎么办呀？
应该是冷空气吸入过多，大家散开，你扶着他，慢慢用鼻子深吸气，然后再慢慢用嘴巴呼气。

同学们，你们跑步的时候尽量用鼻子呼吸或者口鼻协调呼吸，因为冷空气吸入过多，容易产生胃食道逆流，导致上腹胀痛。

鼻血止血需得当

相关知识拓展

流鼻血了！

快，头朝下，
用手捏住鼻子
前部！

冷水清洗后用
纸堵住，去校
医院吧。

最近天气干燥，鼻黏
膜脆弱，运动中呼吸
过猛也会引起流鼻
血，要注意多补充水
分，适当运动，之前
处理得挺好，没什么
大问题。
谢谢医生，
我记住啦！

运动负荷要适当

相关视频资源

小安，你怎么了？

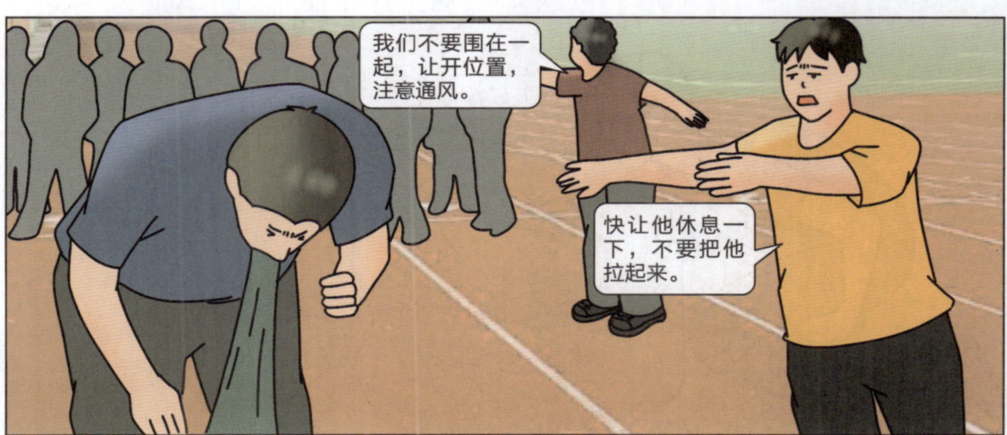
我们不要围在一起，让开位置，注意通风。
快让他休息一下，不要把他拉起来。

我好多了，谢谢大家。
同学们，1000米跑属于负荷比较大的运动，你们平常一定要注意锻炼身体，逐步提高自己的身体素质，以后就不会有此类事情发生了。

赛前热身很重要

相关知识拓展

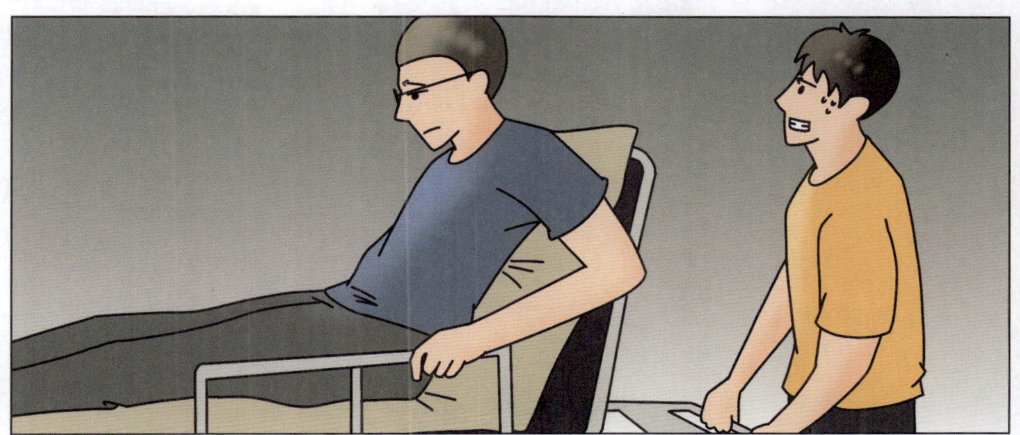

第四节

传染病

相关知识拓展

传染病是由各种病原体引起的能在人与人、动物与动物或人与动物之间相互传播的一类疾病。病原体中大部分是微生物，小部分为寄生虫（寄生虫引起者又称寄生虫病）。一些传染病，防疫部门必须及时掌握其发病情况，及时采取对策，发现后应按规定时间及时向当地防疫部门报告，称为“法定传染病”。中国目前的法定传染病有甲、乙、丙3类，共39种。

防控结核“熊熊”有责

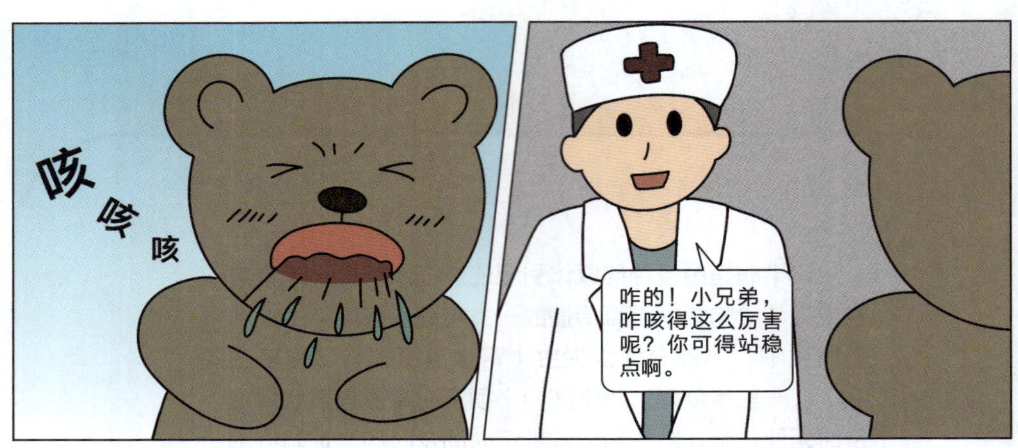
咳
咳
咳
咋的！小兄弟，咋咳得这么厉害呢？你可得站稳点啊。

我能吃能睡，不过咳了半个月啦，还咳出血了呢！
都咳出血了，你这么不把自己当回事啊。你会乏力、胸闷吗？

好像有这种情况呢！天哪，我不会得什么疑难杂症了吧。
哎呀！你的症状疑似肺结核呢，你赶紧去检查一下吧。

相关知识拓展

还有这种玩意儿的病呢？那肺结核到底是个什么病啊？
肺结核是一种慢性传染病，若不及时治疗，会损伤肺，使肺脏功能丧失，呼吸衰竭而死亡的。

太感谢您了！我马上就去检查，这东西听着就不是什么善茬儿，我可得小心点儿！
不客气的！拜拜！

同学们！多通风，勤洗手，外出戴好口罩，可有效预防肺结核。肺结核对自身伤害极大且传染性极强，一定要做好预防。一旦出现长期咳嗽、咯血、乏力、盗汗、胸闷气短等症状，应及时到医院就诊，早发现早治疗！

流行性感冒

啊，不会吧，不会吧！你最近是不是有高热、乏力、头痛、咳嗽这些症状？
咳
咳
咳
好冷啊，我这次感冒像中毒了一样。

我想想，嗯……也许是吧。
你去医院检查过了吗？

没有啊，不就是个小感冒吗？话说我还有点发烧。
行，我可能知道了，恭喜你，“中奖”了。

相关知识拓展

你这什么眼神？得了流感后脑子坏了？
你这么一说，我好像对上了，冬春流感高发，症状为高热、咳嗽、乏力、头痛等！啊啊啊啊啊，我完了。

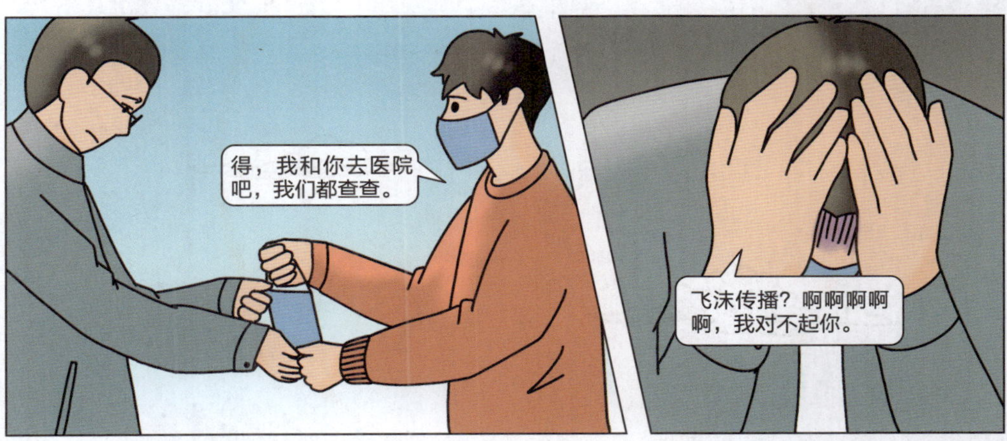
得，我和你去医院吧，我们都查查。
飞沫传播？啊啊啊啊啊，我对不起你。

快走，这里人多，不能传染给更多人。
唔，那我们快走吧，别再传染给别人。

Chapter
06

第六章 心理安全与健康

心理健康是指心理的各个方面及活动过程处于一种良好或正常的状态。心理健康的理想状态是保持性格完好、智力正常、认知正确、情感适当、意志合理、态度积极、行为恰当、适应良好的状态。大学生的心理健康应当满足以下标准。

一、智力正常

这是大学生学习、生活与工作的基本心理条件，也是适应周围环境变化所必需的心理保证。其关键在于是否正常地、充分地发挥了效能：即有强烈的求知欲，乐于学习，能够积极参与学习活动。

二、情绪健康

情绪健康的标志是情绪稳定和心情愉快。包括的内容有，愉快情绪多于负性情绪，对生活充满希望；情绪较稳定，善于控制与调节自己的情绪；情绪反应与环境相适应。

三、意志健全

意志是人在完成一种有目的的活动时，所进行的选择、决定与执行的心理过程。意志健全者在行动的自觉性、果断性、顽强性和自制力等方面都表现出较高的水平。

四、人格完整

人格指的是个体比较稳定的心理特征的总和。人格完善就是指有健全统一的人格，即个人的所想、所说、所做都是协调一致的。一是人格结构的各要素完整统一；二是具有正确的自我意识。

五、自我评价正确

正确的自我评价是大学生心理健康的重要条件，大学生要全面自我观察、自我认定、自我判断和自我评价，自尊、自强、自制、自爱，正视现实，积极进取。

六、人际关系和谐

良好而深厚的人际关系，是事业成功与生活幸福的前提。其表现为：乐于与人交往，既有广泛而深厚的人际关系，又有知心朋友；在交往中保持独立而完整的人格，有自知自明，不卑不亢；能客观评价别人和自己，善取人之长补己之短，积极态度多于消极态度，交往动机端正。

七、社会适应正常

个体与客观现实环境保持良好秩序。做客观观察以取得正确认识，以有效的办法应对环境中的各种困难，或改变环境适应个体需要，改造自我适应环境。

相关视频资源

引入漫画

小安你怎么了？遇到什么困难了吗？
我室友因为抑郁症被迫休学了。最开始的时候他向我袒露心声，但当时我对抑郁症的认识很不深刻，没有引起重视。因为我的无知，可能对他造成了伤害，我现在非常后悔。

确实，大学生对心理健康的重视还不够，对许多心理疾病缺乏基本的了解，所以在面对心理问题的时候常常不知所措，甚至无意间伤害了他人。

是的，以后我一定多多学习心理健康知识，主动帮助和关心心理上遇到困难的同学。
你能这么想就对了。心理健康不仅关系到我们个人的未来发展，在与他人相处的过程中也发挥着至关重要的作用，必须重视起来。

第一节 安心交朋友

人际交往是人类生活中最基本的内容之一。大学是人生中从学校步入社会的过渡，因此大学生往往希望能够广泛地接触社会，扩大自己的人际交往范围。随着社会环境的变迁和时代的发展，人们的交往方式也变得更加复杂多变，从而也对大学生人际交往过程中的价值观念和行为方式的选择产生了重要的影响。种种因素影响着大学生的人际交往模式的发展和变化，并对大学生人际交往安全带来了全新的挑战。大学生应当注意建立健康的人际关系，从而防范由不良人际交往引发的身心伤害和财产损失。

人际交往困境

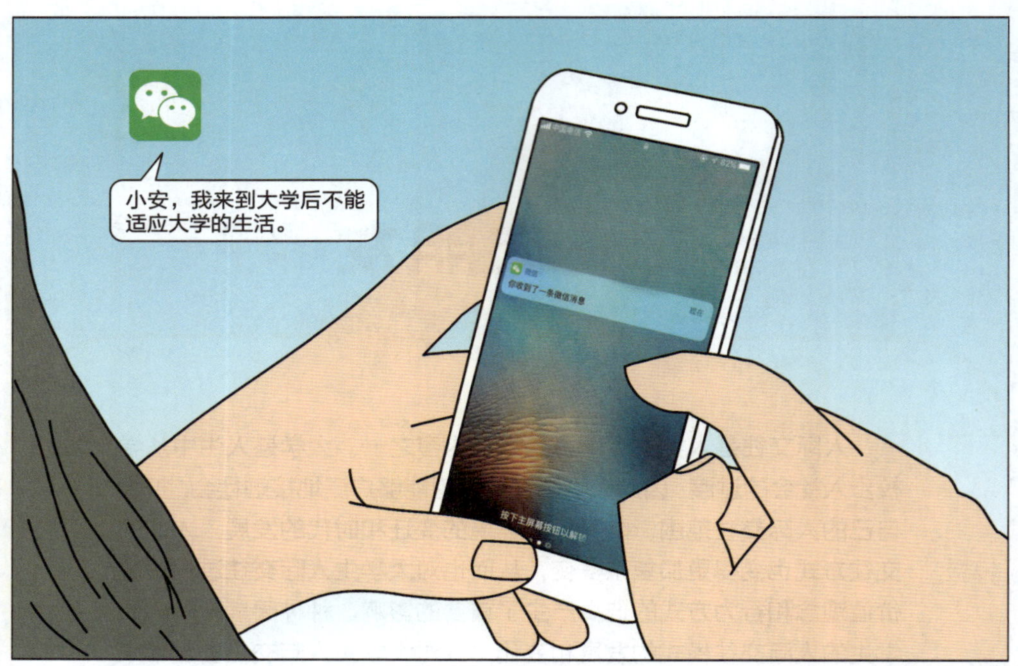
小安，我来到大学后不能适应大学的生活。

微信
沫沫你怎么了？遇到什么困难了吗？
我和室友相处得不太好，平时她们有说有笑，但是却不理我，也不同我一起吃饭。我在寝室里感觉很孤独。

微信
是什么原因呢?
大学是我人生中第一次独立生活，之前是爸爸妈妈帮我安排好生活中的方方面面，所以我的自理能力比较差。我洗澡、洗衣服比较慢，总是让室友久等，她们渐渐地疏远我。现在我在寝室里总是感觉很压抑。

微信
你不用担心，这是大学生在人际交往中普遍会遇到的问题。你可以通过与同学在课堂中加强合作交流、咨询心理老师等途径改善与同学间的人际关系。
好的，我会找机会和她们谈谈，谢谢你听我诉苦。

交友不慎被骗

彤彤，你怎么了？
遇到什么困难了吗？
贷款
之前在网上认识了一个网友，聊得很投机，见面之后也感觉不错，就和他交往了。他在做生意，资金周转不开，三番五次让我以我的名义帮他在网贷平台借款。现在我债台高筑，他却消失了。贷款公司的人天天催我还款，给我的亲朋好友打电话。我完全不知道该怎么办了。

相关知识拓展

彤彤，你不要着急。现在，首先要做的是与家人进行沟通，然后去公安机关报警，将此人绳之以法，尽量追回你被骗的资金，同时与网贷平台进行协商，看能否对还款金额进行减免，一定要用法律的武器保护自己。

网络交友要慎重，恋爱交友更要加倍小心。
谢谢你的建议，被爱情冲昏头脑的我太后悔了。

第二节 预防精神疾病

心理疾病是指一个人在情绪、观念、行为、兴趣、个性等方面出现一系列的失调，也称心理障碍和心理问题。许多人表现为精神紧张、失眠、焦虑、困惑、抑郁等症状。心理疾病的预防，主要可以从以下几方面进行。

1.克服心理冲突

心理冲突是两种或两种以上不同方向的动机、欲望、目标和反应同时出现的心理状态。平时要多学习一些心理健康知识，提高自己的心理健康水平。如果发现自己出现了心理冲突，要设法调整并积极治疗。

2.正确对待疾病

身体出现病症常常会引起不良情绪，而情绪不好，往往又会加重病情，长此以往就会形成恶性循环。因此，正确对待生理疾病也能防止心理疾病。

3.凡事量力而行

如果一个人的期望值过高，或者预期的目标远远超过了自己的实际能力，就很容易遭受挫折，而这种挫败感容易让人产生心理冲突，影响心理健康。

4.适当变换环境

一个人在一个缺乏竞争的环境里容易滋生惰性，过于安逸的环境反而更容易引发心理失衡。而新的环境，接受具有挑战性的工作、生活，可激发人的潜能与活力，变换环境而变换心境，使自己始终保持健康向上的心理，避免心理失衡。

5.扩大社会交往

朋友的启发、忠告、劝说和帮助，能使人情绪稳定、精神放松，减轻心理冲突。在交际中，相互理解和交流思想感情，既能取悦他人，也能放松自己，这是积极的消除心理障碍的方法。这种方法对于有效预防心理疾病助益很大。

6.培养多种兴趣

人在无所事事的时候常常会胡思乱想，所以需要合理地安排工作与生活。适度紧张有序的工作可以避免心理上滋生失落感，令生活更加充实，而充实的生活可以改善人的抑郁心理。同时，应培养多种兴趣。爱好广泛者时间安排紧凑，生活丰富多彩就能驱散不健康的情绪，并可增强生命的活力，令人生更有意义。

心理问题及时求助

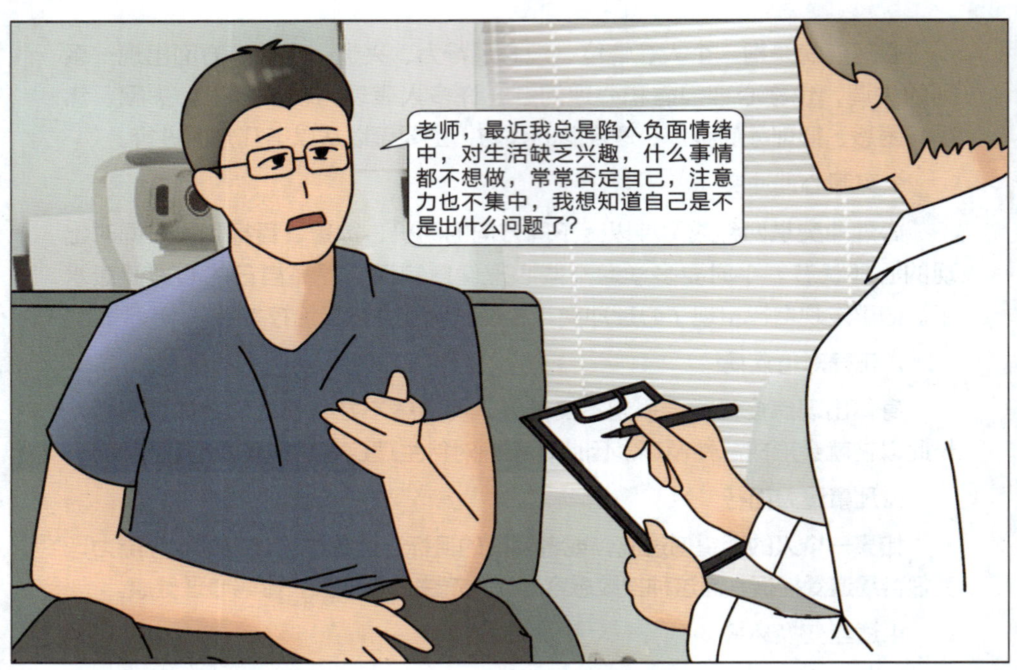
老师，最近我总是陷入负面情绪中，对生活缺乏兴趣，什么事情都不想做，常常否定自己，注意力也不集中，我想知道自己是不是出什么问题了？

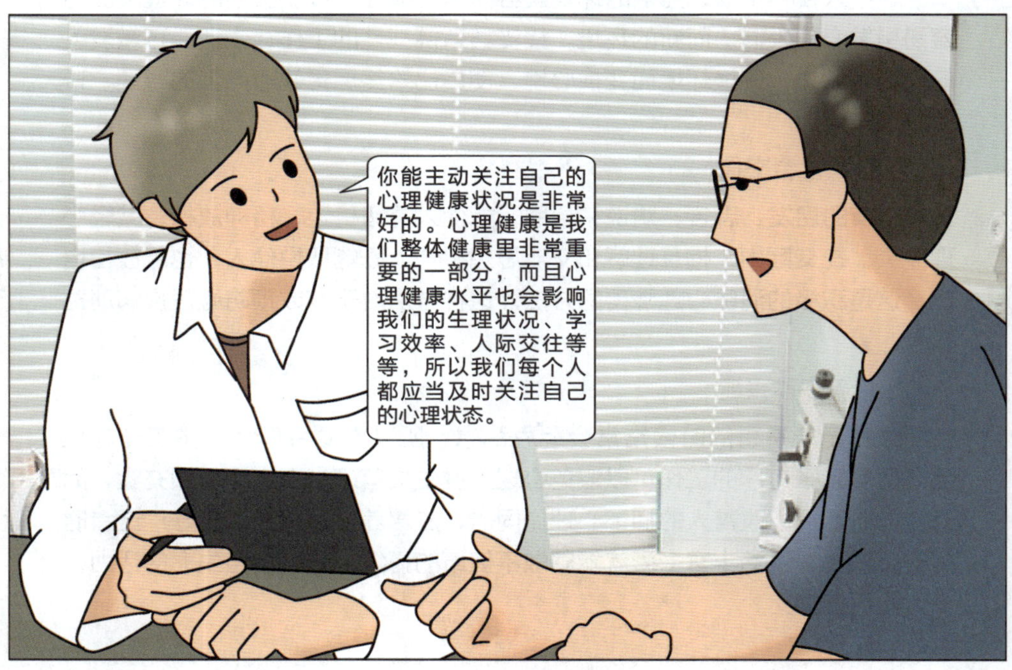
你能主动关注自己的心理健康状况是非常好的。心理健康是我们整体健康里非常重要的一部分，而且心理健康水平也会影响我们的生理状况、学习效率、人际交往等等，所以我们每个人都应当及时关注自己的心理状态。

有一些同学更容易比另一些同学感到压力，也更容易比其他同学产生情绪上的波动，希望你可以像理解和接纳自己的其他生理条件一样，理解和接纳自己的气质类型，着力于尝试和找到适合自己的平复情绪的方式。你的这些情绪虽然符合抑郁症的症状，但是也不用太过担心，建议你平时多与家人和朋友沟通，坚持身体锻炼，坚持规律的饮食和睡眠习惯，多参与自己擅长或感兴趣的活动，同时避免或限制酒精摄入，不能使用非法药物。如果情况无法得到改善，请一定及时向专业人员寻求帮助。

我是抑郁症吗?

好的，期待下次见面时你有更好的状态。
谢谢老师，我会积极调整心态的。

一周后……
心理咨询室

非常好，在照顾好自己的同时也要记得关心身边人哦。
老师，多谢您的建议，这段时间我和朋友、家人进行了很多沟通，每天坚持锻炼，现在整个人已经轻松多了。

这都不是事儿

小全你怎么了，最近一副失魂落魄的样子。
挺好的。

小全，我们关系这么好，跟我讲讲心里话吧。
……
我高中的成绩一直名列前茅，父母对我期望很高。但是，大学里，人才济济，我的成绩只是中等。面对父母的期望，我思绪万千，彻夜失眠，无法集中精神。我上网查了一下，这可能是抑郁症的信号。我很无助。

相关视频资源

……好，我知道了。
我还以为是多大的事儿呢，我们不能面对一点儿压力就退缩，那我可看不起你哦。

空！
老师，小全出什么事了吗?
因为学业上的问题，小全同学的精神压力太大，需要进行长期心理辅导，他的父母为他办了一年休学。
我真不该对小全说那样的话，如果早点让他去找心理老师就好了。

第三节 拒绝“黄赌毒”

“黄赌毒”是指卖淫嫖娼、贩卖或者传播黄色信息、赌博、买卖或吸食毒品的违法犯罪现象。在我国，“黄赌毒”是法律严令禁止的活动，是政府的主要打击对象。“黄赌毒”的刑罚从拘留至死刑不等。

“黄”是指具体描绘性行为或者露骨宣扬色情的书刊、影片、录像带、录音带、图片和其他淫秽物品，以及组织、强迫、引诱、容留、介绍他人卖淫或嫖娼等违法犯罪活动。

“赌”是指以营利为目的，开设赌场赌局、聚众赌博或者进行网上赌博的违法犯罪行为。

“毒”是指走私、贩卖、运输、制造毒品和非法种植毒品原植物，以及吸食、注射毒品的违法犯罪活动。毒品的种类繁多，外观迷惑性强，大学生应当保持高度的警惕，杜绝主动或误食毒品。

“黄赌毒”成为社会的毒瘤，严重毒化社会，损害社会的肌体，是严重背离社会主义法治和精神文明的社会现象。大学生作为社会主义的接班人，处于向社会过渡的特殊阶段，要认清“黄赌毒”的本质及社会危害性，坚决抵制“黄赌毒”的侵害，积极主动地检举不法现象，尽到自己作为社会公民应尽的职责。

赌博娱乐不可取

上大学之后也太无聊了，有没有什么娱乐项目?

微信
要不要一起去参加有趣的活动?
太好了，走走走！最近可真是太无聊了。

游戏厅
真的吗？走！进去瞧瞧！
这里面可好玩了，保证你流连忘返。

今天好玩吧，时间一会儿就过去了。
对呀！而且还赢了500元，明天我们继续来！
好的，以后带你玩点更厉害的。

怎么办呀！输了2000多元，这个月的生活费全都输了。
没事儿，网上很多贷款平台，我给你推荐一个，快去申请借款，下次就回本了。

你涉嫌参与赌博，请和我们回警察局接受调查。

毒品交易不可碰

上大学之后开销也太大了，我得去找一个兼职。

招贤纳士
代叫跑腿业务
待遇丰厚
无须押金
有意者联系：xxxxxxxx

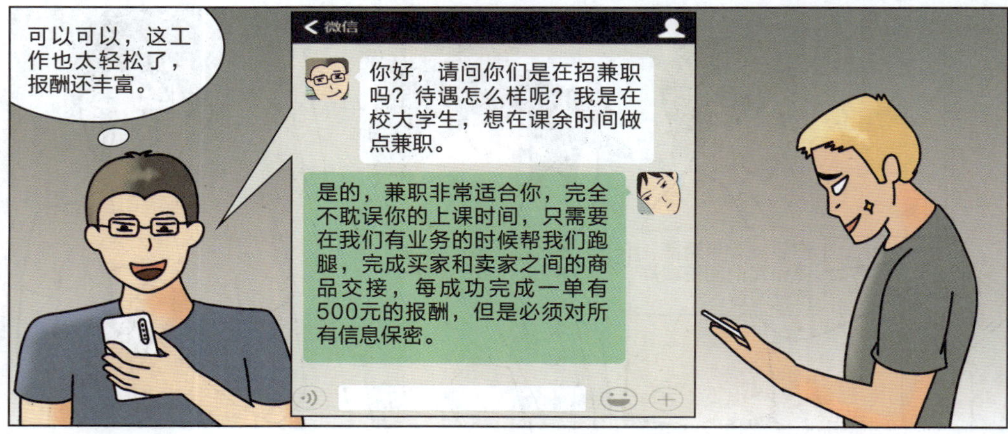
可以可以，这工作也太轻松了，报酬还丰富。
微信
你好，请问你们是在招兼职吗？待遇怎么样呢？我是在校大学生，想在课余时间做点兼职。
是的，兼职非常适合你，完全不耽误你的上课时间，只需要在我们有业务的时候帮我们跑腿，完成买家和卖家之间的商品交接，每成功完成一单有500元的报酬，但是必须对所有信息保密。

小安你最近发财了呀，全身都换上了名牌，还主动请我们吃饭。
最近找了个兼职，时间花得少，赚钱还多。
好兄弟，好资源要分享哦。
不过，还是得谨慎一点，不要被骗了。

小安，你最近发起的跑腿业务涉嫌毒品交易，请上交你的手机并和我们回警局接受调查。
怎么回事？我什么也不知道呀。

"黄色"书籍要拒绝

小安，想不想看看这本书，有你之前没有看过的内容。
什么书呀，给我看看，正好最近有点无聊。

怎么是"黄色"书籍?

好看吧！我那里还有很多哦。

相关知识拓展

小全，看这种书籍是不对的，尤其是我们作为大学生，要有是非判断能力，不阅读、不传阅“黄色”书籍。
只是自己看看，没有问题吧，又不违法。

“黄色”书籍对我们的身心都有伤害，甚至会造成违法犯罪现象。我们作为大学生，要为自己的前途负责，洁身自好！
原来“黄色”书籍有这么多危害。我的意识太薄弱了，应该好好学习这方面的知识，避免在不知情的情况下违法。

这才是对的，我们要拒绝“黄色”书籍，努力传播正能量！
“黄色”书籍的危害这么大，我们要拒绝这些书籍对我们的残害。

第四节 心理咨询不可少

随着社会竞争的日渐激烈，人们面对的压力越来越大，心理问题成为社会的常态问题。大学生处于离开家庭、向社会过渡的阶段，面临着环境适应、人际交往、情感以及求业择业等问题，极有可能出现不同程度的心理健康问题，选择合理的方式疏解情绪是解决心理问题的关键所在，而心理咨询就是一种科学而高效的方法。

心理咨询指通过心理学方法，对心理适应方面出现问题并企求解决问题的来访者提供心理援助的过程。来访者通过语言交流、自由联想、画图等多种途径，向心理咨询师进行述说、演示、询问与商讨，在其悉心陪伴下，通过倾诉、体验、觉察，反省引起心理问题的原因，分析问题的症结，进而寻求摆脱困境解决问题的条件和对策，提高对环境的适应能力和增进身心健康。心理咨询是情绪的一种体检形式，无论是否出现心理疾病，都可以阶段性地进行心理咨询，及时发现和解决心理问题。

心理咨询不可怕

小安，你成绩很优秀，但经过学校综合评定，本次奖学金名额给了小张，希望你能再接再厉，争取下次获得奖学金。
好的。

不合群

相关知识拓展

心理咨询
打开心灵的窗户

偷偷摸摸
XX心理医院欢迎您
XX心理医院欢

院欢迎您
XX心理医院欢迎您
原来心理咨询并不是一件可怕的事情，只是给情绪做个体检而已。

Chapter
07

第七章

人身安全

人身安全广义范畴：包括人的生命、健康、行动自由、住宅、人格、名誉等安全；狭义范畴：如刑法上人身安全的本义，是作为自然人的身体本身的安全。面对当今网络信息时代及错综复杂的社会环境，部分大学生的情感和逻辑判断力都受到了影响，丧失了基本的理智和抵御能力，在现实和虚拟世界中迷失了自我，最终导致了自身感情和身体的伤害。部分大学生法律意识淡薄，社会公德心缺失，因此时常出现酗酒、斗殴、情感纠葛、网络成瘾等各类引发人身伤害的事件。部分大学生自身安全意识淡薄，缺乏基本的安全常识和必要的求生技能，导致在日常的出行、运动及社会活动中无法及时有效地应对各类突发事件，从而造成自身的伤害，甚至危及生命。因此，大学生要提高安全防范意识，学习并掌握必要的安全防范知识和技能，这样才能有效地防止人身伤害事件的发生，维护校园的安全和稳定。

引入漫画

第一节
拒绝"被伤害"

人的生命只有一次，是宝贵的、无价的，因此防止人身伤害就成为各类安全教育或安全管理工作中的重要一环。当前，威胁大学生人身安全最常见的情形大多是因具体矛盾处理不当转化的，如在校内公共场合发生摩擦、矛盾、社交纠纷等。本节以具体案例告知读者，大学生作为心智健全的自然人在享受权利时要尽到相应的义务，不要逾越权利边界。面对人身侵权行为时，大学生应该知道如何及时寻求合法救助以维护自己合法利益，否则，极有可能因此改变自己原本精彩的人生轨迹。

酒后寻衅滋事

今天哥们……过生日！……特别开心……嗝……
啦啦啦……生日……快乐……
好吵！

你竟然……还敢瞅我们！今天要……打得……你，你满地……找牙！
打！ 打！打……
你干啥……挡在前面……找死！
你们要干什么！我没有惹你们啊……

嘭
啪

相关知识拓展

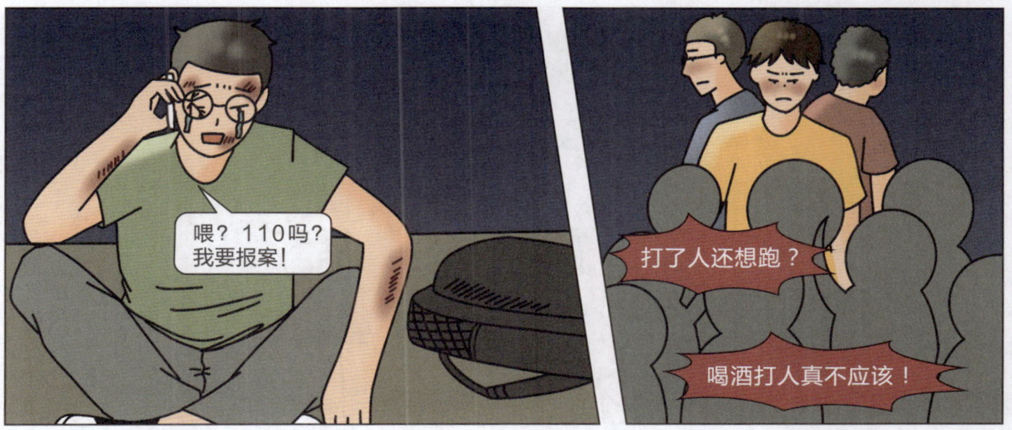
喂？110吗？
我要报案！
打了人还想跑？
喝酒打人真不应该！

你们今天的行为已经造成了十分严重的社会影响，需要对此后果负责，承担相应的法律责任和民事赔偿……最终对你们采取拘留罚款的处理。
哎……

我们不该酗酒后打人，给你造成了十分严重的伤害。
你们可千万不要酒后失态了！

纠纷引发肢体冲突

相关视频资源

你眼睛有问题吗！为什么坐我的座位？我明明贴了占座的纸条。
你骂谁呢！这里哪里写着是你的座位。看我不收拾你！

你来呀！
你找死！

占座是不文明的行为，也不要用暴力解决问题。如果大家都遵守公共场所的文明规范，就不会出现这些纠纷了。
是啊，打输了进医院，打赢了要赔钱。无论输赢都要受处分写检查，真是得不偿失！
我以后一定不打架了。

被流浪猫狗抓咬

好可爱！毛茸茸的，我真想养一只！
哇！你看那里有一群猫。

不行啊，寝室不让养动物……
哎，你看小猫们多好玩，那我以后每天都买点火腿肠来喂它们。

咪咪！咪咪！快来吃东西了……

相关知识拓展

啊！好痛啊！

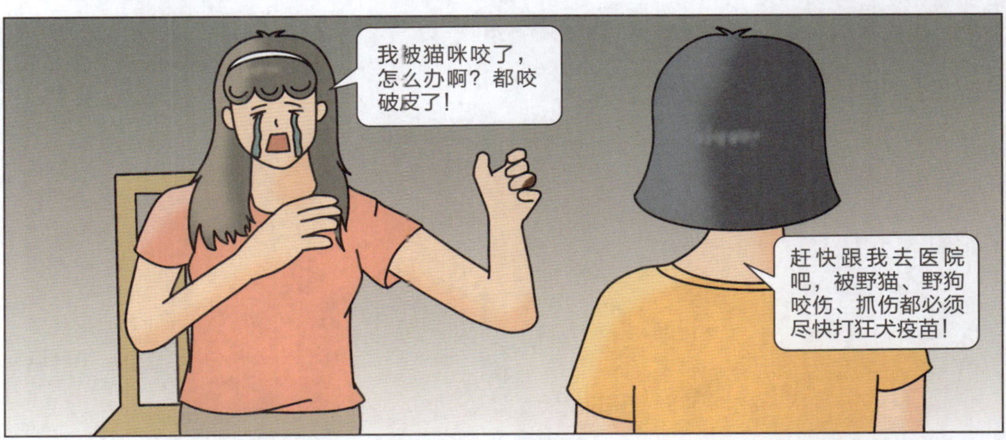
我被猫咪咬了，怎么办啊？都咬破皮了！
赶快跟我去医院吧，被野猫、野狗咬伤、抓伤都必须尽快打狂犬疫苗！

以后可再也不要随便招猫逗狗啦！
我知道啦！
无论是被野外的动物，还是被家养动物抓伤或咬伤，应第一时间用肥皂水冲洗伤口，然后必须马上就医，把人身危险降低到最小。

第二节

交友与出行安全

交友、恋爱、结伴外出旅游是当代大学生校园生活比较普遍的行为，但在此过程中一定要把握好尺度，保护好自己，避免身心受到伤害。

恋爱纠纷

彤彤，你最近怎么了？白天旷课，晚上失眠，是遇到什么事了吗？

我好害怕……我的前男友威胁我，还找我要5000元分手费……
怎么回事？别哭别哭，你把详细情况告诉我，我来帮你。

事情是这样的，我觉得我和我前男友性格不合，老是吵架，就提出分手。结果他不同意，还天天发信息辱骂我，说恋爱时他花费很多，不给他5000元分手费就誓不罢休……
怎么会有这样的人！那你已经给他钱了吗？

相关知识拓展

是啊！但他还是不断给我发消息，我真担心啊……
不要怕，这件事要先告诉咱们的辅导员老师，然后再报警，通过合法手段让他远离你。

您好，派出所吗？我是XX大学的辅导员XXX，我们这里有个学生想报案，具体是这样的……

在派出所调解室，警务人员组织相关人员进行调解。前男友退还了5000元，并接受相关处罚。

网络交友

相关知识拓展

彤彤，如果你不同意跟我见面交往，我就把你发给我的隐私照片发到微博和你们学校的论坛上，让每个人都看看你不为人知的一面。

老师，我真不知道该怎么办了……请帮帮我！
彤彤向老师道明了事情的原委经过。老师虽然很震惊，还是立刻就做了报警处理。

这次事件给彤彤上了沉重的一课，也警示着我们每个人，网络不是法外之地，保护好个人隐私也是保护自己安全的重要部分。

出行安全

喂？姨妈……你让我去你家住两天呀，好呀好呀！……嗯嗯，我等下就出发。

我周末去我姨妈家住，但坐公交车太耽误时间啦……我打个“黑车”好不好？既能节约时间，还能节省路费。
不要不要！你怎么这么没有安全意识。难道坐“黑车”出事故的新闻还少吗？

我送你去坐正规的网约车吧！

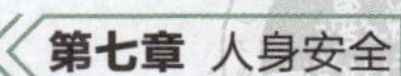

相关视频资源

记得把行车路线和车牌号发给你的姨妈。
知道啦！谢谢你，再见！

请系好安全带，为保证司乘人员安全，车载摄像已启动。我们出发了！

好的！

出行平安，是每个人的期盼；健康安全，是每个人的幸福。

第三节

受伤了怎么办

“紧急救护”即“急救”，指当有任何意外或急病发生时，施救者在医护人员到达前，按医学护理的原则，利用现场适用物资临时且适当地为伤病者进行初步救援及护理，然后从速送往医院。在我国，一旦发生人身意外伤害等突发事件时，我们大多能做的事情就是设法赶紧把危重伤员，尤其是昏迷及停止呼吸者送往医院，而没有意识到第一时间进行现场急救对挽救危重伤者的生命是多么重要。为此我们从游泳溺水、运动损伤等几种在高校学生常见的意外伤害类型入手，通过案列及相关视频为大家讲授如何预防、如何进行紧急救护的基本知识，以便在紧急时刻出手拯救自己和他人的生命。

预防游泳溺水

天这么热，真想去游泳啊！
好啊，我们去校外那条河里游泳吧，那边风景特别好！

不行不行！你的安全意识太淡薄了。野外水域的水底情况不明，水流湍急，容易把人冲走。
不会吧，我们都会游泳啊，怎么可能溺水……
在危险水域游泳溺亡的新闻还少见吗？很多都是会游泳的人盲目自大造成的。

游泳馆
我们还是到正规游泳馆游泳比较好。
这里游泳不仅安全，水质还很干净。

相关知识拓展

我们还是先
热身吧！

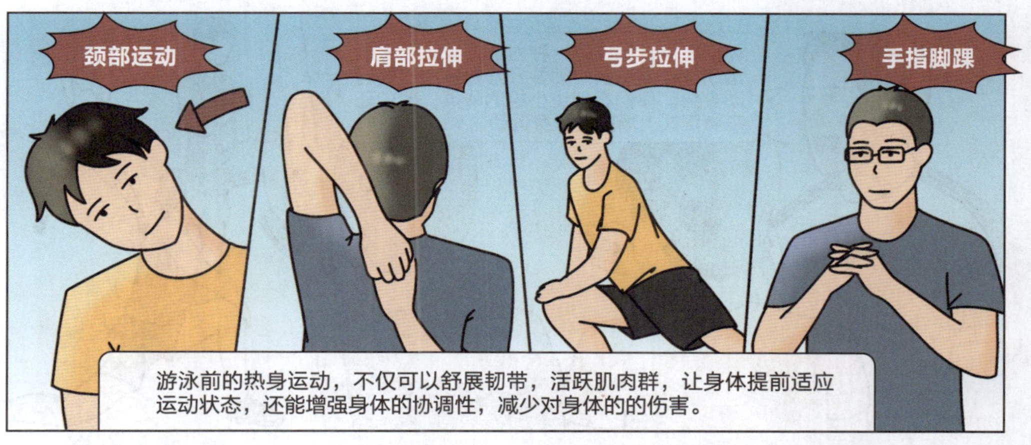
颈部运动
肩部拉伸
弓步拉伸
手指脚踝
游泳前的热身运动，不仅可以舒展韧带，活跃肌肉群，让身体提前适应运动状态，还能增强身体的协调性，减少对身体的的伤害。

今天我们就来比一比，谁游得更快、更久吧！
好啊！我可不会让着你哦！

预防运动损伤

你们就是大学一年级新生小安、小全吗?
是的，队长好!
今天我来为你们上第一堂运动安全课。

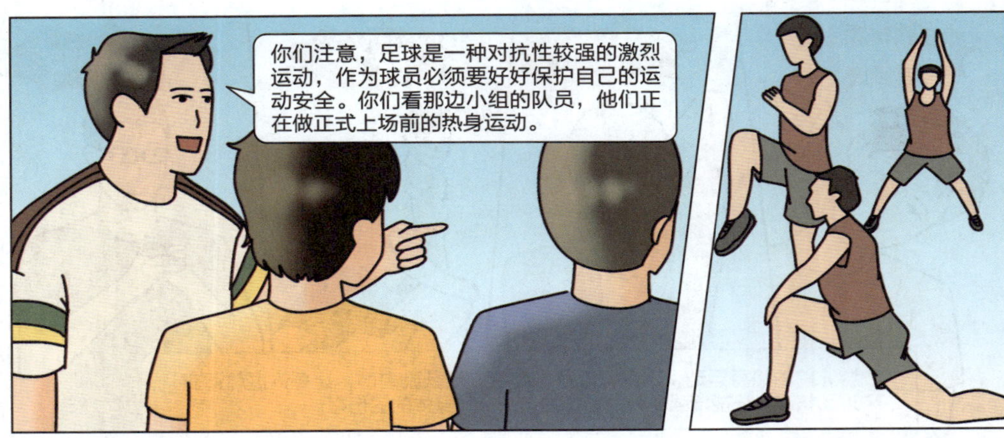
你们注意，足球是一种对抗性较强的激烈运动，作为球员必须要好好保护自己的运动安全。你们看那边小组的队员，他们正在做正式上场前的热身运动。

这些队员即将上场，他们穿戴的护腕、护膝、护踝和胶钉球鞋，可以预防肘、膝、小腿挫裂伤。

运动前不要空腹，运动前、中、后要注意补充足够的水分，避免因大量出汗而引起脱水。
好的，我们记住了。

一场球踢下来，要给身体留下恢复的时间，千万不要疲劳作战。

好的！队长。
我们还需要学习一些技巧性的保护方法，例如落地时适当翻滚等。来吧，我们一起热身，开始做一些基础训练！

预防暴恐突发

那个人好奇怪啊……

放下包后匆匆离开
你看那人在墙角放了一个包。我感觉有点不对劲呢……
是有点可疑，我们去看看。

这会不会是个炸弹啊？
保安室就在旁边，你赶快去报告保安。我在这里守着，不让其他人靠近。

大家请快点离开这里，不要靠近墙边。
就在这边。

拉警戒线
同志你好，这里是XX大学保卫处，我们的学生在校门口发现了一个可疑包裹，我们怀疑是炸弹……

同学，这次事件你们处理得很好。你们为维护校园防暴恐安全做出了贡献，非常值得表扬！

Chapter
08

第八章

网络安全

当今社会，网络安全关系着我们生活的方方面面，手机支付二维码、私人电话号码、电子身份证件等方面都属于我们的网络信息范畴。保护个人信息，不去侵犯他人的个人信息，正确看待网络和虚拟世界，建立安全绿色的网络观念，知法懂法不犯法，才能使我们的网络生活更加健康。

引入漫画

保护个人信息安全
迎新同学
展新风貌
新姿态
新学期

购买
生活用品
帮帮忙，免费扫码填信息，领生活用品。
真划算，登记个人信息就送礼物。
洗衣液

您好，您于XX日XX时在我司平台贷款30000元。
被骗了!

第一节 别碰我的个人信息

相关视频资源

公民个人信息的含义：是指以电子或者其他方式记录的能够单独或者与其他信息结合，识别特定自然人身份或者反映特定自然人活动情况的各种信息，包括姓名、身份证件号码、通讯方式、住址、账号密码、财产状况、行踪轨迹等。

充值返现套信息

吃粽子，你是甜党还是咸党？

这个投票有点意思。
吃粽子，你是甜党还是咸党？
参与投票胜出的一方有机会抽取奖品

身份证：
银行卡：
手机验证：
填写信息

相关法律法规

三天后……
您尾号为XXXX的账户于XX店刷卡消费5000元。

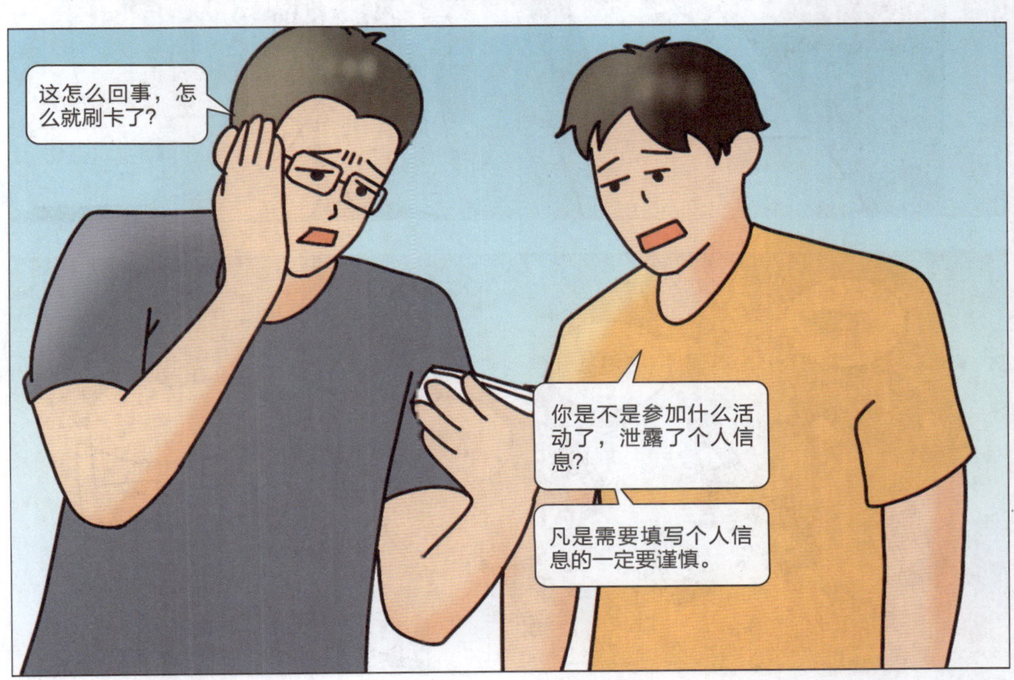
这怎么回事，怎么就刷卡了?
你是不是参加什么活动了，泄露了个人信息?
凡是需要填写个人信息的一定要谨慎。

虚假“客服”来电话

终于等到我的水杯了。
姓名：小安
手机号码：8888888
地址：XXXXXXXXXX
扔掉贴有个人信息的快递箱。

撕下快递单
姓名：小安
手机号码：8888888
XXXXXXXX
又可以赚钱了。

诈骗
刷单
频繁收到诈骗短信。
赌博

相关视频资源

您好，我是您购买的某药品的客服，您是不是叫XX，电话号码是XXXXX、居住地址是XXXXXXX。我们药店有返现活动，您可以绑定银行卡参与哦。

怎么对我的信息这么了解，还是先报警问问。

您好，根据您的描述，这肯定是诈骗电话。

可是他怎么知道我的信息的呢?
大概是你网购的快递上的信息被人恶意收集并卖出了。

第二节

警防恶意网站、木马病毒

根据《中华人民共和国民法典》，关于隐私权和个人信息保护的描述中，自然人享有隐私权。任何组织或者个人不得以刺探、侵扰、泄露、公开等方式侵害他人的隐私权。隐私是自然人不愿为他人知晓的私密空间、私密活动、私密信息。恶意网站、木马和病毒就是使用这些程序，通过各种手段控制对方电脑，通过收集各种隐私和信息或者重要数据达到为自己谋利的目的。

“恶意网站”用作一个集合名词，指故意在计算机系统上执行恶意任务的病毒、蠕虫和特洛伊木马的非法网站。这类网站都有一个共同特点：通常情况下它们是以某种网页形式让人们正常浏览页面内容，同时非法获取电脑里面的的各种数据。

“木马病毒”是指隐藏在正常程序中的一段具有特殊功能的恶意代码，是具备破坏和删除文件、发送密码、记录键盘和攻击Dos等特殊功能的后门程序。木马病毒是计算机黑客用于远程控制计算机的程序，将控制程序寄生于被控制的计算机系统中，里应外合，对被感染木马病毒的计算机实施操作。一般的木马病毒程序主要是寻找计算机后门，伺机窃取被控计算机中的密码和重要文件等，可以对被控计算机实施监控、资料修改等非法操作。木马病毒具有很强的隐蔽性，可以根据黑客意图突然发起攻击。

取财应有道

这个真有意思。
自学黑客技术

档案管理系统
窃取个人信息

高价收购个人信息
出售个人信息
我做得这么隐蔽，他们肯定查不到我。

学校网管中心和保卫部门发现异样。

订单+1 订单+1
订单+1 订单+1
订单+1 订单+1 订单+1
订单+1 订单+1
爆单
发财了。

咚咚咚！
我有大量的个人信息，收到订金后马上发给你。
我错了。

桃色陷阱跳不得

XX网站
浏览
色情网站

http://www-xx
xxxxxxxxxxx
xxxxxxx
下载程序，可自由
观看本站内容。

下载成功
点击开始运行
下载程序
硬盘被入侵

相关法律法规

真倒霉，只能把
电脑格式化了。

我这有你的个人信息和你逛色情网站的记录，想要销毁这些信息就给这个账号XXXX转5000元钱，否则我就发到你们学校的贴吧，你自己看着办吧。

以后我再也不去浏
览色情网站了。

电脑安全需注意

我的电脑最近好卡啊，风扇还狂转，不知道怎么回事。
是不是下载太多文件、视频啦?

不行了，老提醒我温度过高，我好烦躁啊。
让修理的师傅看看吧，说不定有办法。

这是中木马了。

相关知识拓展

第三节

“网瘾”的危害

网瘾为“网络成瘾症”的简称，是指上网者由于长时间地和习惯性地沉浸在网络时空当中，对互联网产生强烈的依赖，以至于达到了痴迷的程度而难以自我解脱的行为状态和心理状态。当今“网瘾少年（女）”已经成为很多年轻人自我调侃的一种称呼。网络的使用是时代进步的一种标志。正常使用网络，能使生活和学习更加便捷。但是大家使用网络的同时一定要注意，不能过分沉迷网络，从而影响日常生活和身体健康。

网络虽好别贪"杯"

我通宵也要练级，成为队里排行第一。

小安跟我们出去吃饭吧，活动活动。
不去，我今天必须打过他，你们去吃吧，我就在这随便吃点。

太晚了，回家睡觉吧。
我今天就睡网吧了，不睡觉也要打上去。

相关知识拓展

除了上厕所，其他时间全在游戏里，我一定能成为最厉害的那个。

3天后……
通宵三天了，头好晕啊，眼睛也疼，不行，胸口好疼……

小安呢，还没回来吗？
你还不知道呢？小安前几天在网吧晕倒了。

被推迟的毕业

最近很多同学在报四六级英语考试，我们也去报名吧。
我还要做作业了，烦死了，谁想过四六级，我只想玩游戏。

游戏里我多厉害啊，能骑马，还能飞天遁地。去上课有什么好处，不就是挂科嘛，大不了重修。

有什么了不起的。

相关知识拓展

妈妈
别随便给我打电话，打扰我学习呢，我可累了，给我转点钱。
嘿嘿，又可以买新出的装备了。

小安同学，请于XX时XX地参加重修考试。

我好后悔没有好好学习，现在还要延迟毕业，都怪我沉迷游戏。

诚信考试

怎么办啊，听说这次的考试很难。我要好好复习，才能不挂科。
怕什么，现在什么网上搜不到?

遵守考场纪律

你们这群傻子，我用手机查寻答案。你们傻乎乎地背一个星期，还没我一个小时查得多呢。

相关知识拓展

Chapter
09

第九章 实验室安全

高校实验室使用的化学药品种类繁多，包括易燃易爆物品、剧毒物品和生物制剂等，有的实验还要在高温、高压或者超低温、强磁、真空、微波辐射、高电压和高转速等特殊环境和条件下进行，还有的实验需要排放有毒物质。因此，高校实验室安全状况复杂，加强安全管理十分重要。

实验室安全歌

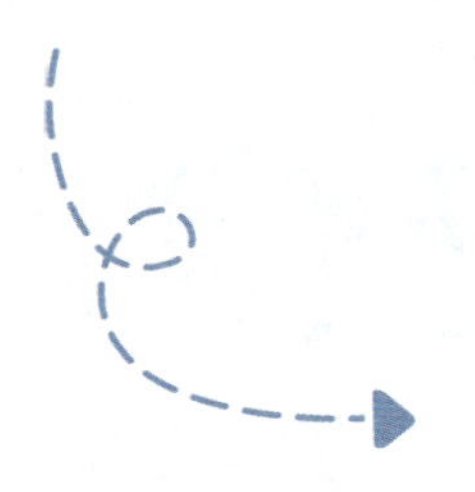

水火无情，人命关天，安全第一，牢记心田。
一防水患，二防火险，三防爆炸，四防触电。
实验之前，准备在先，防护用品，一应俱全。
实验之中，不得擅离，及时观察，预防突变。
短暂离开，同伴照看，尤应注意，停水停电。
加热过夜，最是危险，确需如此，要五保险。
调压变压，使用继电，硅油热包，用作热源。
不准回流，不开水冷，温度恒定，方可安眠。
用水注意，水管紧连，水量勿猛，下班拔管。
使用电器，先查电线，防止短路，防止漏电。
慎用煤气，小心引燃，远离溶剂，远离实验。
明火加热，通风在先，高压气瓶，放稳放远。
氢气钢瓶，操作要严，家用冰箱，不适实验。
箱内容器，一定盖严，要放平稳，务贴标签。
剧毒试剂，专人领取，金属钾钠，存放专点。
各种溶剂，勿贮太多，存于阴处，入夏尤然。
残渣废液，不可入池，分门别类，各归其天。
实验室内，保持整洁，不能用膳，不准抽烟。
最后离室，是个关键，水电气窗，闸销复原。
灭火用具，经常检查，急救药品，常备手边。
遇有险情，先断电源，报警号码，随处可见。
此歌唱完，认真实践，胆大心细，永保安全。

第一节

宣传实验室安全文化

通过实验室安全文化建设，提高实验人员的素质，规范其实验态度和行为，如遇突发事故时能够沉着冷静、迅速处理；同时，让实验人员形成“我要安全”的实验安全观念，强化他们维护实验室安全的责任心。

实验室安全考试　人人过关

实验成绩
0
唉，实验成绩怎么是0分？

老师，我的实验成绩明明是合格的，怎么成绩显示为0分啊！
你的安全考试成绩不合格，实验成绩再高也被计为0分。明年准备重修实验课吧！

人生不能走捷径啊！

实验室安全文化　人人参加

大家都这么努力，
我也不能落后。

实验室知识竞赛颁奖典礼
荣誉证书
荣誉证书

实验室安全制度　人人遵守

相关知识拓展

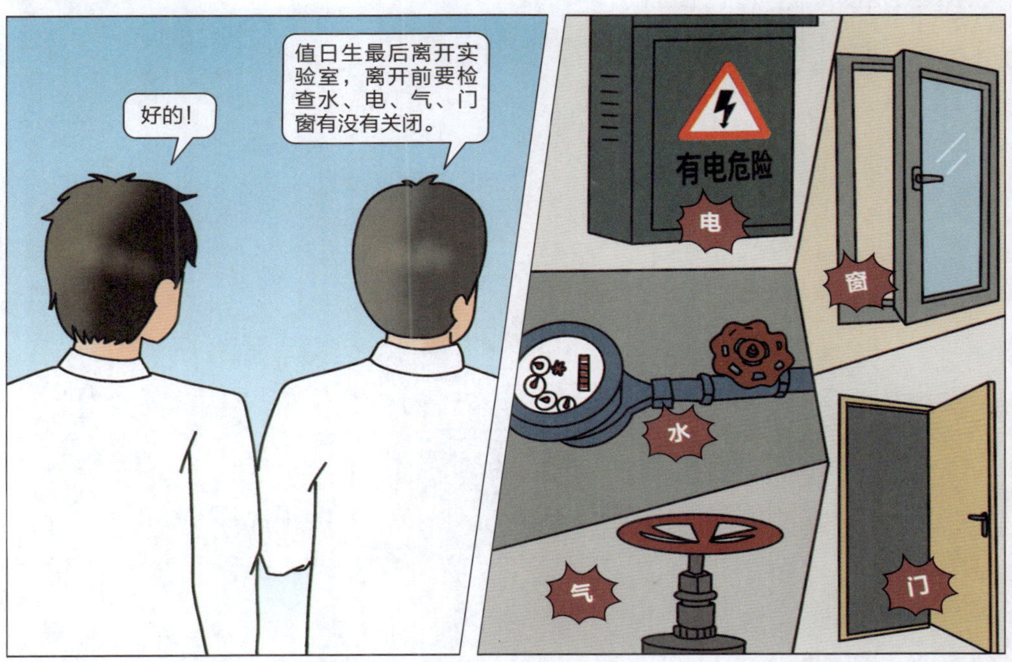
值日生最后离开实验室，离开前要检查水、电、气、门窗有没有关闭。
好的！
有电危险
电
窗
水
气
门

不要忘记，完成每日的检查记录哟！
一定做到！

第二节 严格遵守操作规则

学生进入实验室前须接受安全教育，自觉服从管理，严格遵守实验室的各项规章制度和规定。实验前要认真阅读教材、实验参考书和有关参考资料。在实验中如有疑难问题，要及时请教指导教师或实验室工作人员。若在实验中出现异常现象，应及时报告指导教师，在排除故障后方可继续实验。

不做与实验室无关的事

相关知识拓展

应急处置程序要记牢

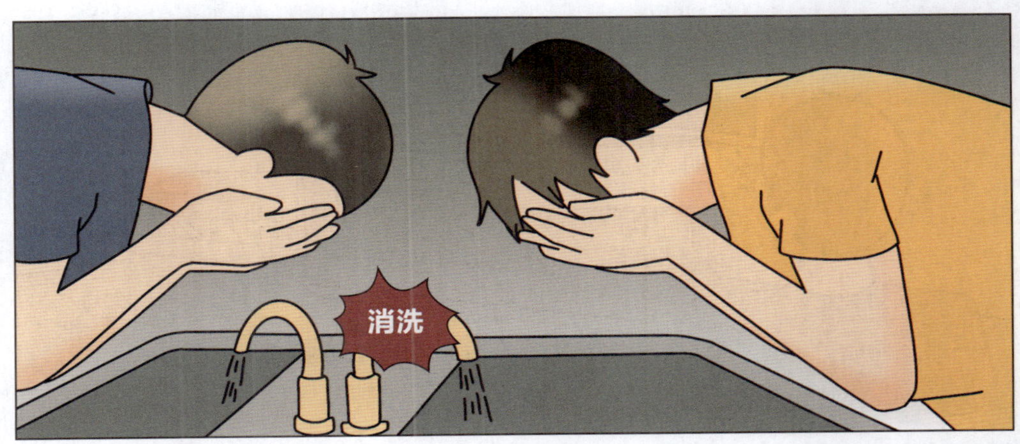
消洗

实验楼512房间，有毒气体的阀门关不上，一直在漏气，请求处置。

处置有毒气体

不要盲目乱操作

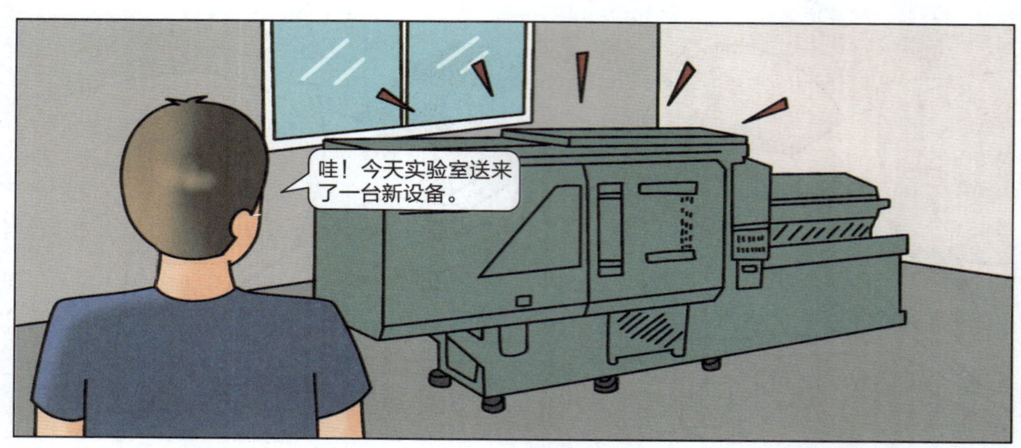
哇！今天实验室送来了一台新设备。

这是新款的，好多功能都不会用啊！
管他的呢！先用了再说呗。

还是不要乱动吧?
你怎么那么怂呢！看我的！

相关知识拓展

做实验 不离人

相关知识拓展

小明
田径场办露天party，
要来的抓紧了。
看，他们在办party，我们也去吧！回来的时候，实验数据正好也出来了。
呃……好吧。

实验室
起火了！

第三节 危险品生命周期管理

随着当前教学科研水平的不断提升，实验室内使用的危险品呈现出多样化、复杂化和多变性的特点，做好危险品的生命周期管理，能有效地减少安全事故的发生，具有重要的现实意义。

通过正规渠道购置

小全，氢气用完了呀！

我们向学校打个报告，申请补充一瓶氢气吧？
打报告吗？这流程也太麻烦了，要不我们私下去订一瓶吧！

这是违规的呀！
别人又不知道，反正也不会出什么事儿！

相关知识拓展

危险品存放要规范

库房
实验室
运实验材料
有毒品
有毒品

实验材料呀。
你运的是什么东西啊?

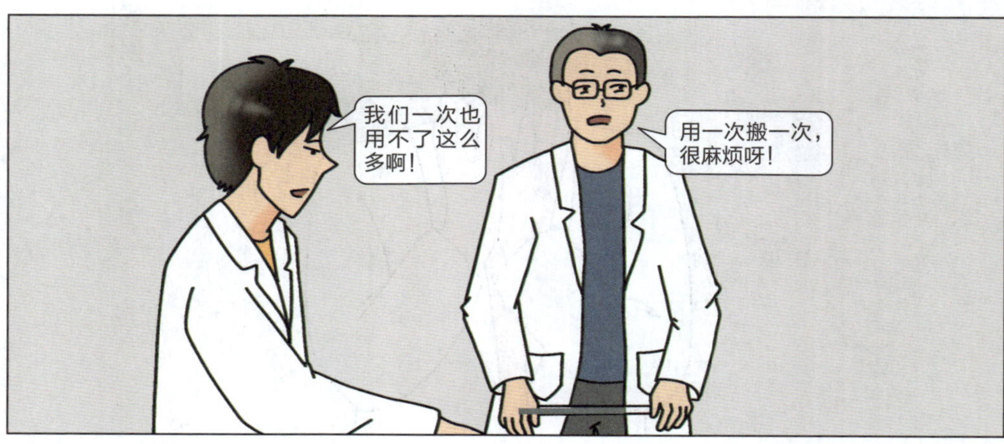
我们一次也用不了这么多啊!
用一次搬一次,很麻烦呀!

相关知识拓展

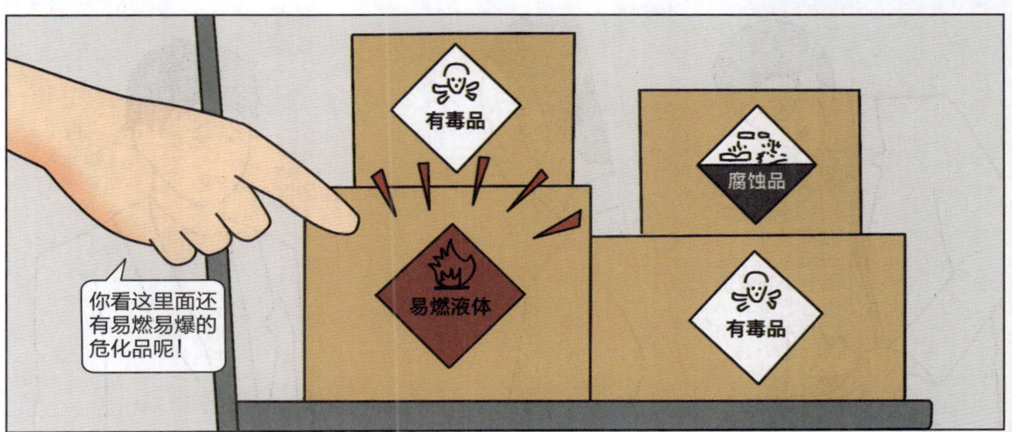
有毒品
腐蚀品
易燃液体
有毒品
你看这里面还有易燃易爆的危化品呢！

没事儿，我悄悄藏起来，没人会发现的。

你把它们藏起来，是准备炸死我们吗？不行，我要告诉老师。
我马上把多余的放回去，再也不偷懒了！

废液不能乱排放

咦？废液收集桶满了，我们一起去把废液桶上交到管理中心吧？
好重啊，我们搬不动呀！

要不你直接把烧杯里的废液倒入水池吧！反正别人又不知道。
这…… 不好吧？

将废液倒进水池

相关视频资源

怎么下水道这么臭啊？是不是有人把废液倒入下水道了？我们向老师报告吧！

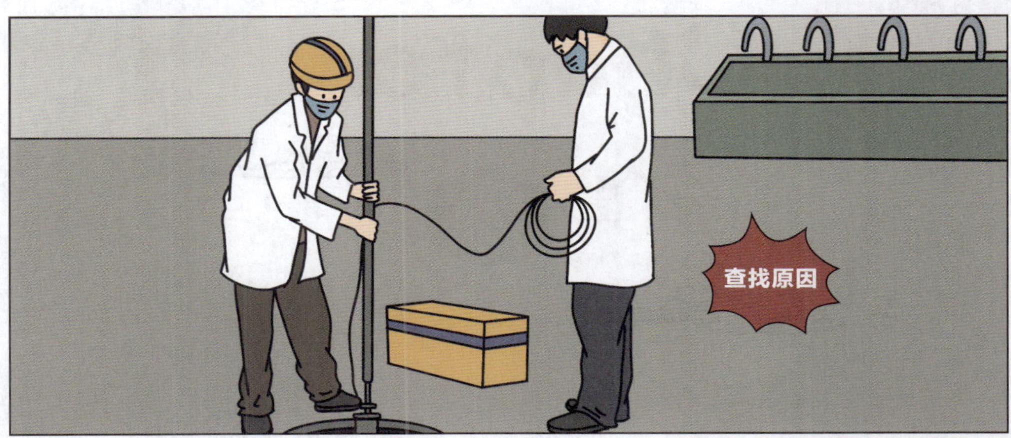
查找原因

你们怎么可以将废液倒入水池呢，没学过实验规定吗？

Chapter
10

第十章

自然灾害的应对

自然灾害是指给人类生存带来危害或损害人类生活环境的自然现象，由多种因素共同作用形成，具有不确定性和不可避免性。我国幅员辽阔，地理气候条件复杂，自然灾害的形成深受自然环境与人类活动的影响，有明显的南北不同和东西差异。

常见的自然灾害种类繁多，主要包括洪涝、干旱灾害，台风、冰雹、暴雪、沙尘暴等气象灾害，火山、地震灾害，山体崩塌、滑坡、泥石流等地质灾害，风暴潮、海啸等海洋灾害，森林草原火灾和重大生物灾害等。

我们日常生活中常见的自然灾害主要有地质灾害和气象灾害两大类，包括地震、洪涝、泥石流和滑坡等。作为大学生应该掌握常见的避险及自救常识，提高自己对自然灾害的应对能力。

引入漫画

你看，这像不像“川”上面缠着一条龙？这是学校100周年校庆时校友会捐赠的。
这个标志好独特呀！
哦……原来是这个意思！

小全，这旁边就是我们的第十教学楼啦，我们上课和上自习都在这栋楼。
这好高啊……我听说学校所在地靠近地震带，这么高的楼，要是发生了地震怎么跑啊……

学校每年会有安全宣传教育的诸多活动，只要我们掌握了必备的逃生自救知识就不用太担心啦！不止是防震知识，还有其他常见自然灾害：如洪水、滑坡、泥石流等，我们也要掌握这些逃生技巧，关键时候就能救我们的命。
好的，我一定通过各种途径多学习！

第一节

地震来了

地震，又称地动、地震动，是地壳快速释放能量过程中造成的震动，期间会产生地震波，是地球上经常发生的一种自然现象。地球一天要发生成千上万次地震，一年约500万次。但只有1%的地震人们可以感觉到。一次大的破坏性地震，尤其发生在人口稠密、经济发达地区或城市，在几十秒、甚至几秒钟内就会给人类造成巨大的灾难。

地震灾害通常是指地震造成的人员伤亡、经济损失、环境和社会功能的破坏等。地震灾害以其突发性强、防御难度大、瞬间破坏剧烈、次生灾害严重、社会影响深远等特点而成为众灾之首。

“先躲后跑”错不了

地震了?

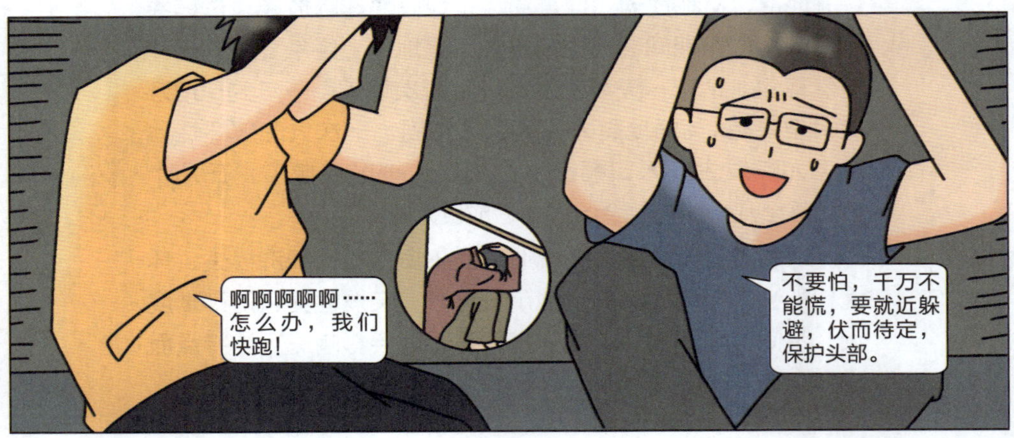
啊啊啊啊啊……怎么办，我们快跑!
不要怕，千万不能慌，要就近躲避，伏而待定，保护头部。

可是老是这样待着也不是办法，我们还是赶紧坐电梯下去吧。
坐电梯?小全你知道吗，地震时不可以坐电梯的哦!

相关视频资源

为什么呢?
地震可能造成供电线路损坏，出现电梯停止工作的情况，如果这时候你困在电梯里会更危险的。

这可就有大学问啦，地震时选择正确的避震方法可以救自己哟！在室内，避震应选择开间小、有支撑的地方；在室处，应选择开阔、安全的地方。
原来是这样，那地震的时候，我们应该躲在哪里呢?

哎……平时我真没有关注过这方面的知识。
嗯嗯，平时我们一定要多关注这些防震减灾知识呀!

劫后“余”生

同学们不要惊慌，不要到处跑，先暂时蹲下护住头。
这就是余震，余震是在主震之后接连发生的小地震。通常的情况是一次主震发生以后，紧跟着有一系列余震，其强度一般都比主震小。余震的持续时间可达几天甚至几个月。

强度较小啊，那余震也没什么好害怕的嘛。
余震通常出现在大震以后，虽不足为患，但多次余震就易成灾。余震还会造成二次塌落，影响救援进展。

这样啊，那面对余震，我们又应该怎么处理呢?
我来给你讲一讲吧……

第二节

洪水“猛兽”来了

洪涝，指因大雨、暴雨或持续降雨使低洼地区出现被淹没、渍水的现象。洪涝灾害具有双重属性，既有自然属性，又有社会经济属性。洪涝的形成必须具备自然条件和社会经济条件。洪水是形成洪涝灾害的直接原因，只有当洪水自然变异强度达到一定标准时才可能出现灾害，且只有当洪水发生在有人类活动的地方才能成灾。

洪涝具有明显的季节性、区域性和可重复性。受洪水威胁最大的地区往往是江河中下游地区，几乎发生在夏季。人类不可能彻底根治洪水灾害，但通过各种努力，可以尽可能地降低灾害的影响。

“夜来风雨声”

小安，自从学校保卫处发布了近期防汛通知后，你这几天怎么总是忧心忡忡的样子啊？
这几天连续下雨，我老是怕学校被洪水淹没了呀。

洪水？你是不是杞人忧天啦，这种自然灾害，我总觉得离我们很远的样子。
洪水离我们的生活可不远，有很多地方经常遭受洪水的侵袭呢。

首先，洪灾是由于江、河、湖、库水位猛涨，堤坝漫溢或溃决，水流入境而造成的灾害，是威胁人类生存的十大自然灾害之一。
这样呀，那关于洪水我们需要了解哪些知识呢？

相关视频资源

当然啦！洪灾不仅会造成经济损失和环境破坏，还会造成水源污染甚至食品污染呢！
这么可怕呀？

洪灾这么可怕，那通常什么季节会容易发生呢？
夏季，如果某地区降水量过大且降水集中，假如该地地势低洼，就很容易形成洪涝灾害。

这样来说，我们确实要有所警惕。
但是我们不会这么倒霉的……放心好啦！晚安！

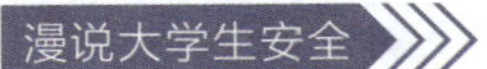

一"雨"成谶

小安！小安！你快看呐！咱们学校被淹没啦！外面好大的雨呀！全是齐膝的水，还有很多警戒线，我们不会出事吧？
不要惊慌，咱们现在的位置很安全，一定要冷静地服从安排。

现在学校要求暂停行课，咱们尽量减少外出吧！
我们现在需要怎么做呀？

在外遇到洪水要就近迅速向山坡、高地、楼房、避洪台等地转移，或者立即爬上屋顶、楼房高层、大树、高墙等高的地方暂避。

相关知识拓展

110
这个时候要尽量保持冷静，尽快拨打110，报告自己的方位和险情，或发出求救信号，积极寻求救援。
假如已经遇上了洪水，该怎么办呢？我好害怕呀！

学校通知信息
你看，学校已经开始采取行动了，咱们老老实实地在寝室待着，不添乱，随时准备好应对接下来可能发生的情况。
嗯嗯，我相信咱们一定能渡过这一关的。

灾情应急讲座
还好咱们没事，我再也不会认为自然灾害和我们无关了。
没错，作为普通民众，我们一定要提高安全意识，遇事沉着冷静，服从安排，团结一心，渡过难关。

第三节

遇到了滑坡和泥石流

滑坡是指斜坡上的土体或者岩体，受河流冲刷、地下水活动、雨水浸泡、地震及人工切坡等因素影响，在重力作用下，沿着一定的软弱面或者软弱带，整体地或者分散地顺坡向下滑动的自然现象。80%以上的滑坡是由强降雨引发的，尤其在暴雨或雨后一段时间，土体被泡软、泡透时最容易发生。

泥石流是指在山区或者其他沟谷深壑、地形险峻的地区，因为暴雨、暴雪或其他自然灾害引发的山体滑坡并携带有大量泥沙以及石块的特殊洪流。泥石流具有突然性以及流速快、流量大、物质容量大和破坏力强等特点。泥石流常常会冲毁公路、铁路等交通设施甚至村镇等，造成巨大损失。

聊“灾”色变

强降雨导致成昆铁路尼日至苏雄站区段发生泥石流地质灾害，造成线路中断，客、货运列车停运。

小安，你快看，这里发生了泥石流！

天哪，泥石流也太可怕了！
是啊，我们学校周围多山，而且旁边有河流流经，会不会发生滑坡和泥石流啊？

是啊，我也在担心这个，泥石流太可怕了。
明天有“地质学”课，我们可以在课堂上询问老师。

我们还可以咨询老师，怎样应对泥石流。
你说的没错！

课堂上的知识“风暴”

今天的课暂时讲到这里，还有疑问吗？
老师，我有问题需要请教一下。
地质学

小全，你有什么疑问呢？
老师，我昨天看到新闻，成昆铁路发生了泥石流。老师可以给我们讲一下泥石流的知识吗？

小全同学问得好！那么哪位同学知道什么是泥石流吗？
泥石流是指在山区或者其他沟谷深壑、地形险峻的地区，因为暴雨、暴雪或其他自然灾害引发的山体滑坡并携带有大量泥沙以及石块的特殊洪流。

相关知识拓展

文文说得对。大家知道泥石流是怎样形成的吗？

好像是因为连续降雨导致山体坍塌，坍塌的泥沙进入河道，从而形成泥石流。

看来同学们都有所了解，那接下来让我们来看看泥石流具体是怎么形成的吧！

未雨绸缪谈地灾

滑坡
泥石流

原来泥石流、滑坡背后隐藏着那么多知识。

老师，我们学校附近多山，旁边有一条河流流经，而且夏季多暴雨，会不会发生滑坡或泥石流呀?
是呀！这座城市多雨，图书馆正坐落于山脚下，确实有一定的隐患。

相关视频资源

可是学校这么多年以来从未发生过山体滑坡的事故。

那老师您可以给我们说一说，如果发生泥石流，我们该怎么应对吗？

遇到滑坡怎样应对
泥石流发生时，最重要的是马上向与泥石流成垂直方向的两边的山坡上爬，爬得越高越好，跑得越快越好，绝对不能往泥石流的下游走。下面我们具体学习滑坡和泥石流的应急措施吧。

Chapter
11

第十一章

涉外安全

涉外安全主要指大学生在出入国（境）以及在国（境）外时涉及的安全。随着整个世界的联结越来越紧密，出国交流、求学、旅游的大学生越来越多，近年来也出现不少关于大学生在国（境）外发生的安全事件。小则在国外遗失证件无法回国，大则在国外被骗、遇害。

相关视频资源

引入漫画

去图书馆
恭喜你，获得了前往XX大学交流的机会。

太棒了，马上就准备出发。
《出国（境）注意事项》
小安同学，恭喜你获得了出国留学的机会，出国注意事项请点击下方链接具体了解：XXXXXXXXXXXXX。

原来出国有这么多安全事项啊，一定要牢记。

第一节

出国（境）前要做什么

出国（境）前的主要准备事项。

1.了解前往目的地的风土人情、气候变化、治安状况、法律、法规、艾滋病、流行病疫情等信息，并采取相关预防措施。

2.检查护照/港澳台通行证及相关证件是否准备齐全，妥善保管以防丢失。

3.慎重携带个人药品。如因治疗自身疾病必须携带某些药品时，应请医生开具处方，并备齐药品的说明书和购药发票。

4.同学们去往不同国家，手机内一定要保存好所在国家领事馆的电话号码，多保存几位在同一所学校或地区的中国同学的手机号码，以便于在紧急情况下，能及时沟通联系，获得帮助。

不是所有U盘都能带

相关视频资源

携带好自己的物品

相关知识拓展

没关系，请去柜台，我们会协助您办理临时身份证明文件。

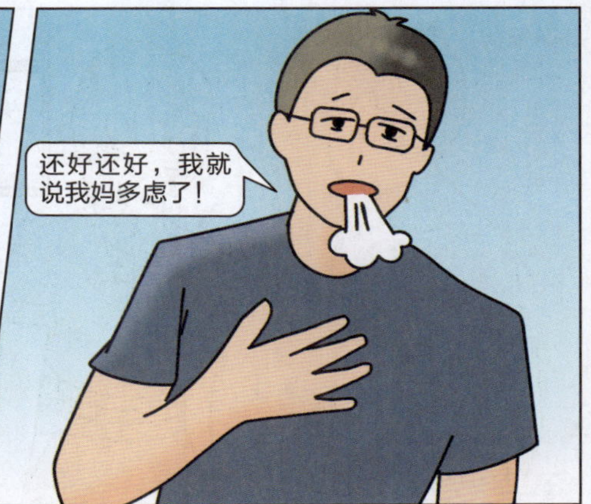
还好还好，我就说我妈多虑了！

翻找行李

不好意思，我的护照也忘带了，可以临时再办理一个证明文件吗?

好心驶不得万年船

请有序排队
接受安检
这队也太长了，排了好久。

是啊，你这是去哪儿啊？
我要去X国，出国交流一年，你呢？
好巧，我也是。
你不会也是AB1234号航班吧？
太巧了，我们同一个航班！

等的太久了，我想上厕所，你能不能先帮我看会儿行李，我一会儿回来！
好的。

相关知识拓展

这都快到了，
怎么还没上完
厕所！

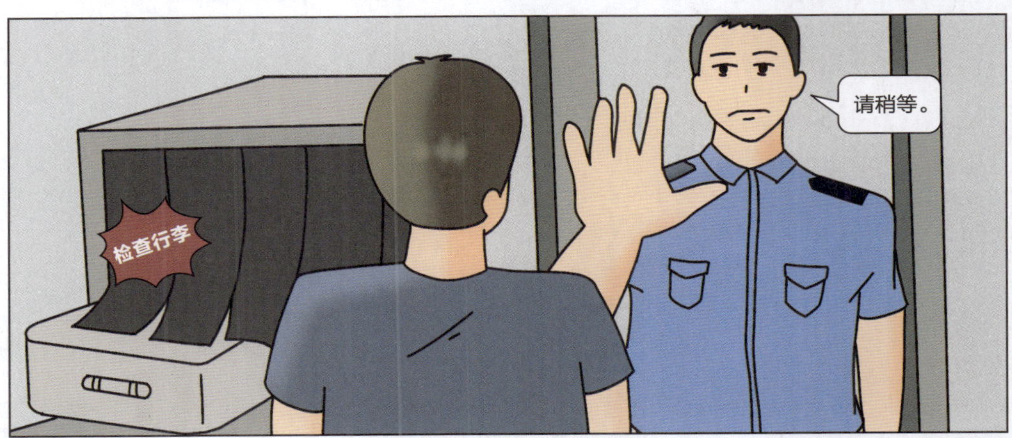
检查行李
请稍等。

对不起，请你解
释一下，这些毒
品从何而来？

第二节

在国(境)外的安全警示

在境外交流学习，要始终保持清醒的意识和高度的政治敏感，本着对国家、集体和个人高度负责的态度，注意谨言慎行，谈及国内外重大事件的基本态度是：慎言、准确，并与国家保持一致，不主动制造讨论气氛，自重、自尊，注意说话场合、内外有别，维护国家和民族尊严，拿不准的事件采取婉拒或者回避方式，避免被借题发挥。

住宿很重要

相关法律法规

财产安全很重要

走，去酒吧
庆祝我演讲
成功！
好嘞，安哥
请客！

同学们，谢谢大家对
我的帮助，初来乍到
不容易，干杯！

不用担心，昨
天我爸妈刚给
我转钱了。
喝了这么多，花
很多钱了吧，大
家撤了吧！

相关知识拓展

间谍，我不会上了你的当

相关视频资源

我可以帮你通过这次考试。
要给你多少钱？

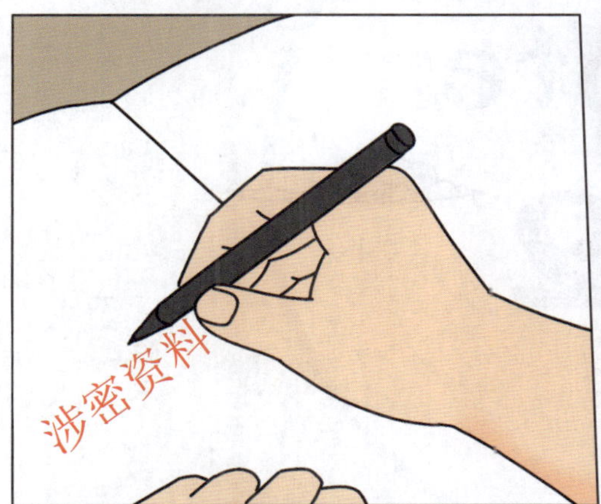

涉密资料

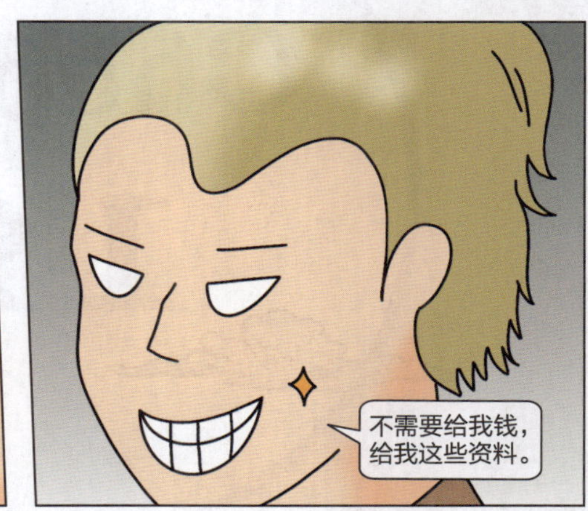

不需要给我钱，给我这些资料。

对不起，我没办法找到这些资料。

求助大使馆

Chapter 12

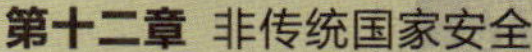

第十二章

非传统国家安全

习近平提出，“当前我国国家安全内涵和外延比历史上任何时候都要丰富，时空领域比历史上任何时候都要宽广，内外因素比历史上任何时候都要复杂”，要“坚持总体国家安全观，走出一条中国特色国家安全道路”。“总体国家安全观”是集政治安全、国土安全、军事安全、经济安全、文化安全、社会安全、科技安全、信息安全、生态安全、资源安全、核安全等于一体的国家安全体系，对应的正是当下错综复杂的各类安全挑战。当代大学生应遵守关于国家安全的有关规定，任何个人和组织不得有危害国家安全的行为。本章主要讲述非传统国家安全中的“资源安全”“海空安全”“核安全”“军事安全”。

引入漫画

第一节 “脚下”的资源

资源安全是国家战略命脉、国家产业发展基础、国民经济主要支撑、社会稳定的基础，是经济安全和社会安全的依托，是科技安全的有效载体。资源安全包括水资源、土地资源、生物资源、海洋资源等可再生能源和矿产资源等不可再生能源的保护和开发利用。

我国资源安全面临供需矛盾大、对外依存度高、开发利用水平不高等问题。维护资源安全必须坚持推进绿色发展，提高资源开发利用水平，利用好两个市场和两种资源，健全预防预备体系。

失落的草场

爸爸，我喜欢这些绵羊，我能一直跟它们在一起吗？
没问题啊，咱们的草场资源丰富，肯定能一直养下去的。

爸爸，我被理想大学录取啦！可是我要离开我的小羊们了。
录取通知书
你好好读书，爸爸肯定把小羊都养得白白胖胖的。

爸爸，这里一切都好，我的小羊们还好吗？
今年每户的羊儿都越下越多，草都不够吃了，还糟蹋了别人的耕地。

相关法律法规

春节回家……
以前的青青草原
都去哪儿了?

这大半年来放牧过度，
羊儿把土地都糟蹋了，
自然长不出草。

我没想到那些在书本上
出现的画面，竟然也会
出现在我眼前，都是过
度放牧的结果啊!

越界的痛

以后就是室友了，我是学地质的小安，多多指教！
真的吗？那我可以请教你关于地质方面的知识吗？我很感兴趣！
好啊！

我们老师最近带我们去了一个蕴藏丰富矿产的地方耶！
真的吗！那是在哪儿呢？
别急，你听我说！在a县的b区c村旁有很大的一块地，全是矿产！但是不能告诉别人，这是保密的。
地学核技术四川省重点实验室

微信
爸爸您知道吗，最近又找到了新的矿产呢！
在哪？快点告诉我！
是我同学说的，但是他说不能告诉别人……
你爸是别人吗？我还是你亲爹吗？
……好吧，是在a县b区c村旁边的一块地。

相关法律法规

C村
哈哈！我把矿区旁边的地承包下来再偷偷挖过去，谁也不知道！我要发大财了！

最新资讯：XXX因非法越界采矿被逮捕
怎么会这样?
天哪!

我不该泄露最新的发现地……我再也不会这么做了……

小渔村风波

爸，咱村现在发展得怎样了？
今年过年我一定回家看看！
小安啊，咱村现在可是发生了翻天覆地的变化，路比以前更宽了，公共设施也更完备了。

你们要把沿岸的红树林、水草都清理干净。
明白。

这危害了海洋资源安全，不可原谅！
自从施工队来了以后，这里就慢慢变成这样了。

相关法律法规

事情我们都陈述完了。
嗯，你们放心，他们会受到应有的惩罚的。

本来想投资赚点钱，没想到后果这么严重……
同志，你被举报破坏海洋环境，你不知道这是违法的吗?

破坏海洋资源很容易，但恢复却很难。

并不“遥远”的海空

海空安全包括对深海、太空等发展探索、保护利用等，是未来国际竞争的新焦点，面临技术挑战，参与国际规则制定等问题。深海安全是指和平探索和利用国际海底区域，增强安全进出、科学考察、开发利用的能力，加强国际合作，维护我国在外层空间、国际海底区域和极地的活动、资产和其他利益的安全。太空安全指在太空领域发生的对国家政治外交、社会和谐稳定、人民生命财产和军队战斗力造成重要影响的安全风险、安全威胁和事故事件。同时，太空安全也是太空系统、太空权益、太空轨道环境等方面不受威胁、侵害的客观状态。对于国家而言，维护太空安全表现为，确保国家安全范畴内的太空资产、太空权益和轨道环境免遭自然环境与人类活动所形成的威胁和侵害。

"火箭"自我讲解

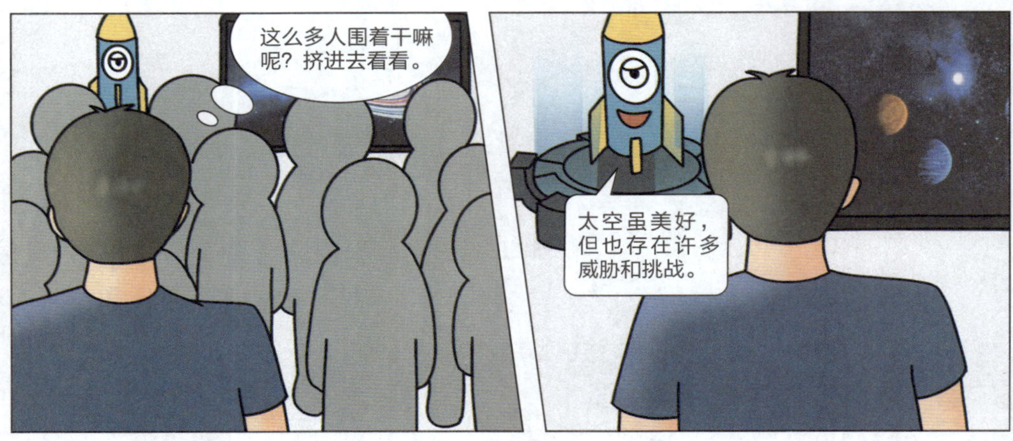

相关法律法规

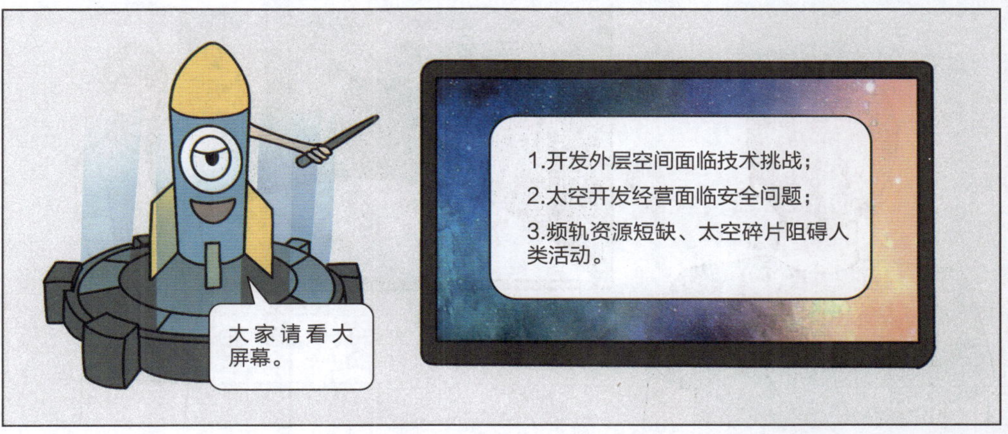
1.开发外层空间面临技术挑战；
2.太空开发经营面临安全问题；
3.频轨资源短缺、太空碎片阻碍人类活动。
大家请看大屏幕。

太空军事化、武器化越来越明显，不仅严重影响卫星在轨运行，而且严重影响国际战略的稳定与平衡。

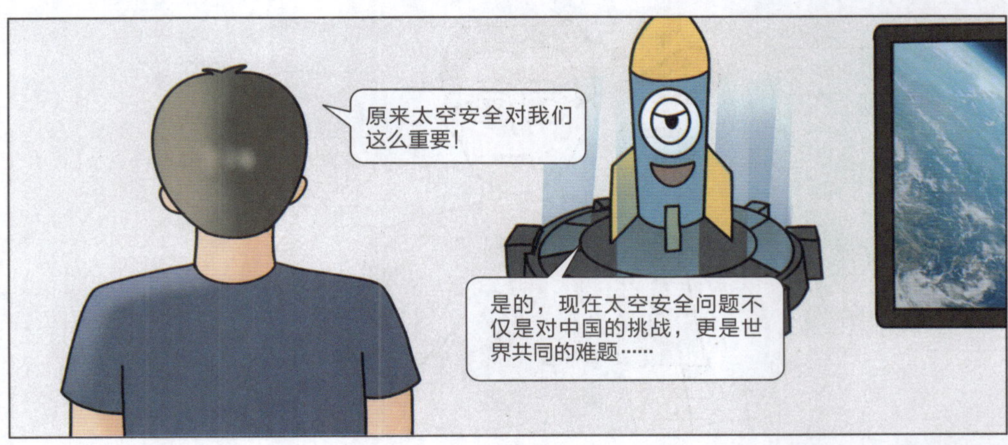
原来太空安全对我们这么重要！
是的，现在太空安全问题不仅是对中国的挑战，更是世界共同的难题……

精准制导——北斗导航系统

大家好，我是你们的讲解员……

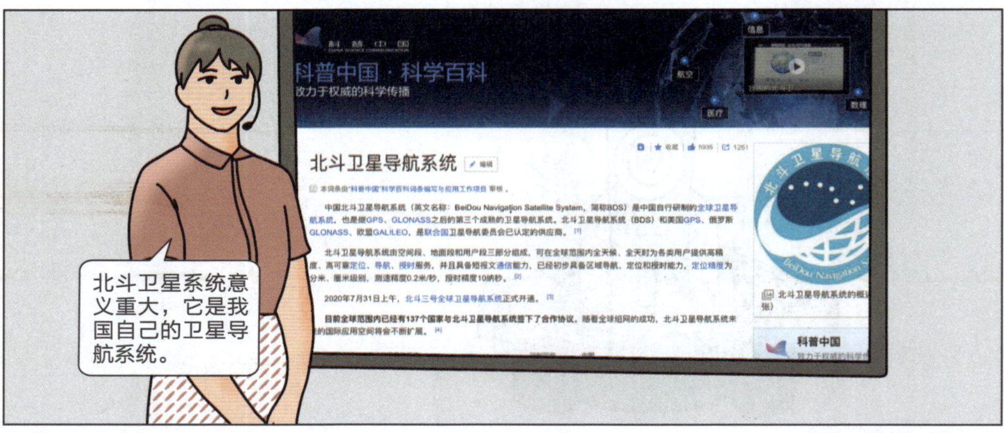
科普中国 · 科学百科
致力于权威的科学传播
北斗卫星导航系统
北斗卫星系统意义重大，它是我国自己的卫星导航系统。

建设北斗卫星系统有什么重要作用吗？

相关知识拓展

北斗卫星系统为国家安全发展保驾护航。

虽然天空很遥远，但守护这一方天空的梦想是很近的。

那卫星系统为什么取名为北斗呢?

深海下的“军备竞赛”

阅读书籍
我国的石油、
天然气和煤炭
的可开采储量
仅能维持……

可燃冰是一种极具开
发潜力的新能源，可
惜开采挑战巨大……

日夜研究

相关知识拓展

研究获奖

展望！我国已具备成熟开采可燃冰的技术，领先全世界！
成果上新闻

国家科学技术奖颁奖典礼
……未来国家安全必须建立在充足的资源能源基础上。但深海的资源安全还需大家努力维护哦。

第三节 “核”你守护

原子的发现和核能的开发利用，给人类发展带来了新的动力，极大增强了人类认识世界和改造世界的能力。同时，核能发展也伴生着安全风险和挑战。人类要更好地利用核能、实现更大发展，必须应对好各种核安全挑战，维护好核安全。核安全包括核材料、核设施、核技术、核扩散安全等方面，事关人类前途命运。维护核安全必须强化政治投入、国家责任、国际合作、核安全文化建设，全面提升核技术能力。

“小石头”风波

假期快到了，我们去看望在外国留学的儿子吧。

我和你爸好不容易来一次，快带我们去逛逛好玩的地方！
好好，那我们先休息，明天出发。

家庭手工作坊

快看，这家作坊里的能量石可真好看！放在手里还有点发热的感觉呢！
这饰品不错，价格也实惠，那就买下来做纪念吧。

相关法律法规

爸妈再见。
我们回去了。你照顾好自己。

该石雕饰品为含铀材料制成，希望您能配合我们处理。
安检
明明没带什么奇怪的东西啊？

不就是块小石头嘛，用得着这样大费周章吗？
这可不是小石头，含有放射性，长时间佩戴会导致头晕、呕吐等症状，甚至会导致白血病等重病。以后购买矿石类物品要谨慎。

小核有话要说

同学们，大家好，
今天我将为大家介
绍一位新朋友！
核废料存储罐

同学们，很多人都
不了解我的出身
地。我是核电站发
电过程中所产生的
具有放射性的废
液、废料，属于中
低放射性废料。
核废料存储罐

最常见的存放方式
是以水泥或其他材
料将我固定固化在
金属容器中，即你
们现在所看到的我
的样子。
核废料存储罐

相关法律法规

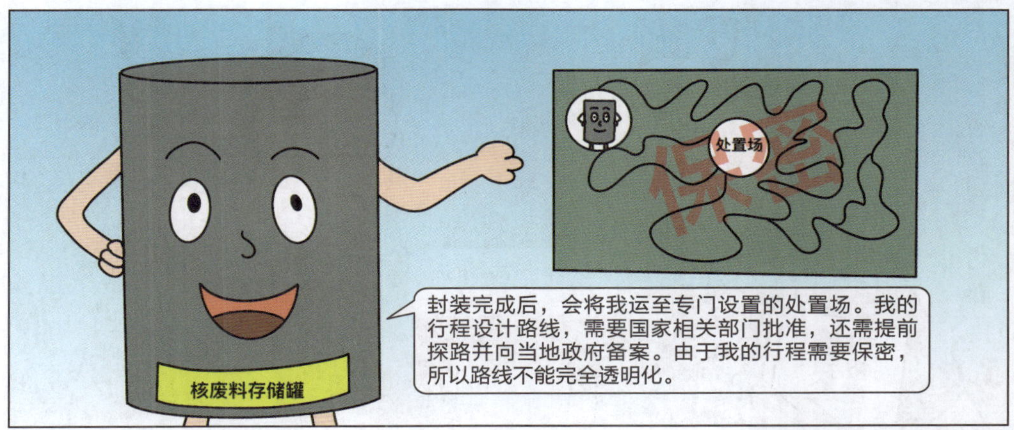
处置场
保密
封装完成后，会将我运至专门设置的处置场。我的行程设计路线，需要国家相关部门批准，还需提前探路并向当地政府备案。由于我的行程需要保密，所以路线不能完全透明化。
核废料存储罐

最终，我到达了终点站——国家设置的中低放射性废料处置场，并在周边建设各种防辐射工程屏障。
核废料存储罐

好的，辛苦小核了！
不客气，能向同学们介绍自己的情况，让同学们更深入了解我的安全性，我也很开心。
核废料存储罐

"核"你守护

老师，核武器的威力很大吗？
白皮书
核安全

当然啦，正因为核武器的威力如此巨大，我国也肩负着防核扩散的重任。
实验室

白皮书
核安全
这就是核弹爆炸的威力！

相关知识拓展

所以核不扩散，就像是警察持枪保卫社会安全，防止不法分子持枪伤害无辜。
核安全白皮书
地学核技术四川省重点实验室

是的，这不仅仅是我们国家的责任，也是全人类都应该守护的哟。
四川省重点实验

教授，常见的核武器有哪些呢？
常见的核武器主要有原子弹、氢弹、中子弹、肮脏弹等。
重点实验室

兼职需谨慎

余额不足
哎！花销太大！工资根本不够用，看来我得去找份兼职了。

招聘兼职
“社会调研员”到指定地点拍摄照片，提供摄影器材，报销路费，报酬丰厚。
这个工作还可以。

拍风景照
支
支付宝到账200元。
这工作真是轻松啊！

相关知识拓展

感觉这样不好，哎，管他呢，反正有钱赚就行了。
拍摄
军港基地

终于可以买这件衣服了。

小安，你以非法获取国家秘密罪被逮捕了。

恋爱需谨慎

小安，我喜欢你，你可以做我男朋友吗？
好啊！

临近毕业……
好烦恼啊，还没找到合适的工作。
没事，亲爱的，包在我身上。

好奇怪啊，亲爱的，你给我找的工作怎么都要借助黑客软件入侵政府军事网站的后台查找数据呢？
没什么的，这只是工作需要而已。

相关知识拓展

一个月后……
我其实是X国特工，外教只是我的隐藏身份。
什么！你是骗子，我要去举报你！

现在你只有继续和我合作，否则你也会被抓起来的！放心，再过几年我就安排你出国。
希望你说话算话！

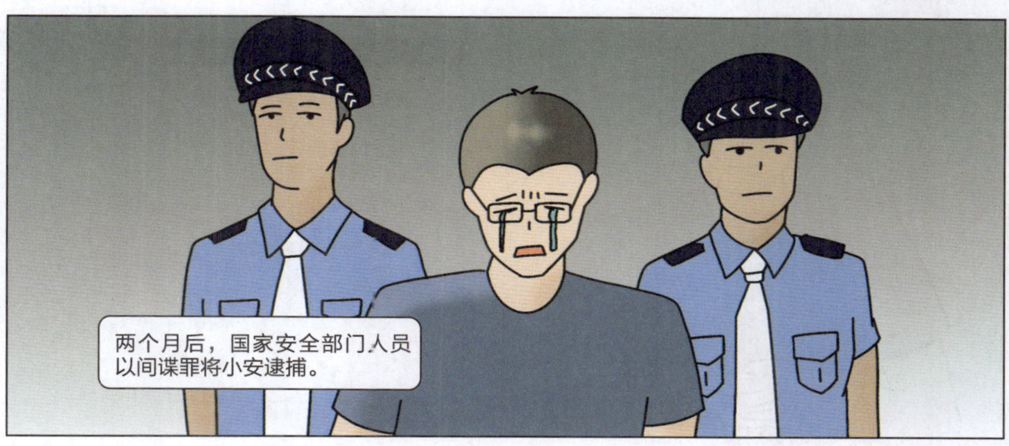
两个月后，国家安全部门人员以间谍罪将小安逮捕。

交友需谨慎

小安，我有一个外国朋友对军工厂很感兴趣，他想和你认识一下，行吗？
咱们是兄弟，你的朋友就是我的朋友，当然可以了！

你赶紧进来，我已经跟他说好了。
你好。
你好。

微信
我的好朋友，我对你们厂的XX导弹十分感兴趣，你可以给我看看它的图纸吗？
小问题，我来想办法。

相关知识拓展

X军工厂
偷拿图纸
兄弟，待会儿来我家拿图纸。

谢谢你，我的好朋友。
没事，以后有这种好事还找我啊，哈哈！
¥

小安，你好，我们发现你最近非法获取国家秘密，请配合我们调查。